C. (Conrad) Varrentrapp

Beiträge zur Geschichte der Kurkölnischen Universität Bonn

C. (Conrad) Varrentrapp

Beiträge zur Geschichte der Kurkölnischen Universität Bonn

ISBN/EAN: 9783743654846

Hergestellt in Europa, USA, Kanada, Australien, Japan

Cover: Foto ©Andreas Hilbeck / pixelio.de

Weitere Bücher finden Sie auf **www.hansebooks.com**

BEITRÄGE
ZUR
GESCHICHTE DER KURKÖLNISCHEN UNIVERSITÄT
BONN

von

Dr. C. VARRENTRAPP.

Festgabe,

dargebracht zur

fünfzigjährigen Stiftungsfeier der Rheinischen Friedrich-Wilhelms-Universität

am 3. August 1868

von

Verein von Alterthumsfreunden im Rheinlande.

BONN 1868.
GEDRUCKT AUF KOSTEN DES VEREINS.
BEI A. MARCUS.

Inhalt.

		Seite
	Einleitung	III
I.	Bericht des Grossherzogs Leopold von Toscana über seinen Bruder, späteren Kurfürsten Max Franz von Köln. 1775	1
II.	Diplom Kaiser Joseph II. vom 7. April 1784, die Errichtung einer Universität in Bonn betreffend	7
III.	Bericht des Bonner Akademieraths über Einweihung und Einrichtung der Universität vom 28. Sept. 1786	13
IV.	Entwurf einer Studienordnung für die Universität	22
V.	Zwei Schreiben des Kölner Domcapitels an Kurfürst Max Franz	28
VI.	Bericht des Grafen Metternich über die Einweihung der Universität	29
VII.	Universitätsrechnungen (1787—1793)	30
VIII.	Zwei Vorlesungsverzeichnisse (1787/88 und 1792/93)	35
IX.	Frequenz der Universität von 1787—1792	41
X.	Verzeichniss der von Mitgliedern der Bonner Universität verfassten Schriften	42

Am 6. Februar 1761, mitten im siebenjährigen Krieg, starb Kurfürst Klemens August von Köln. Dem reichen, prachtliebenden und verschwenderischen sächsischen Prinzen folgte als Erzbischof von Köln wie als Bischof von Münster Graf Max Friedrich von Königsegg [1], damals 53 Jahre alt, ein Mann, dessen Charakter nicht minder als seine äussere Stellung von dem seines Vorgängers in höchstem Grade verschieden war. Fehlten ihm die äusseren Mittel, dessen glänzendes Regiment in gleicher Weise fortzuführen, so durfte man erwarten, dass er auch innerlich weniger zu gleichem Leben sich hingezogen fühlte: er hatte als Dechant des Kölner Domcapitels durch leutseliges Wesen, vor Allem durch sanftes und bescheidenes Auftreten sich beliebt gemacht; man rühmte, dass er persönlich sittenstreng. Allerdings, es zeigte sich nur zu bald, dass Kraft und Energie seiner Natur mangelten; mehr und mehr zog er sich von den Geschäften zurück und überliess die Last derselben seinen Ministern; wie in Münster die eigentliche Regierung in den Händen des Domherrn Franz von Fürstenberg lag, so schaltete in Köln von Jahr zu Jahr unumschränkter der Freiherr von Belderbusch. Aber während unter Fürstenbergs einsichtigem und wahrhaft humanem Regiment das Bisthum Münster sich zu einer bis dahin nicht gekannten Blüthe erhob, fand man in Kurköln nur allzuviel Grund zur Klage über den Druck der eigenmächtigen und willkürlichen Verwaltung des Bonner Ministers, über das frivole und sittenlose Treiben des Bonner Hofes, in welches es gelungen den Kurfürsten selbst zu verwickeln. Doch wie sehr die Wege der beiden Minister von Max Friedrich auseinander gingen, in einer Beziehung ist eine Aehnlichkeit zwischen beiden nicht zu verkennen: „die Rückwirkung der Zeit Friedrichs des Grossen und Josephs II." macht eben damals sich auch in Kurköln bemerklich; wie in der Mehrzahl der weltlichen und geistlichen Territorien damaliger Zeit entschloss man sich auch hier zu Reformen. Und wie in Münster wandte man auch hier sein Hauptaugenmerk auf die Hebung des Erziehungswesens; in der That war eine Reform der niederen wie der höheren Unterrichtsanstalten auf das Dringendste geboten [2]. Das Wichtigste, was in dieser Beziehung geschah, war die Gründung der Bonner Akademie.

---

[1] Ausser den bekannten Werken von Ennen, Hüsser und Porthes vgl. für das Folgende: Mering, Die 4 letzten Kurfürsten von Köln. Aus dem Nachlass dieses eifrigen Sammlers für Kölnische Geschichte sind zwei Sammelbände von Flugschriften, Reden etc., die sich auf die beiden letzten Kölner Kurfürsten beziehen, in den Besitz von Hr. Geh. Rath Mevissen in Köln gekommen, der mir die Benutzung derselben gütigst verstattet.

[2] Vgl. u. A. das unten erwähnte 1783 von Max Friedrich erlassene Decret, sowie den abgedruckten Bericht des Akademieraths vom 23. September 1786. In einem an Meusel gerichteten Schreiben aus Bonn vom 26. Sept. 1784 heisst es: „Von der kläglichen Beschaffenheit der Dorfschulen muss ich Ihnen doch einige besondere Beispiele mittheilen. Zu Herzogsfreude ist eine Kapelle, die von einem Mönche bedient wird und der auch die Schule besorgen soll, aber herrlich schlecht katechisirt. Im Dörfchen Ueckesdorf ist bei der dortigen Kapelle ein Beneficiat, der Messe liest, übrigens aber ein Stallausfeger, Buttermacher und Holzhacker ist. In Ippendorf

IV

In Bonn war der Gymnasialunterricht in alter Zeit den Minoriten anvertraut; Kurfürst Max Heinrich übertrug an ihrer Statt denselben 1673 den Jesuiten. Gerade ein Jahrhundert später erfolgte, wie bekannt, die Auflösung des Jesuitenordens; am 16. August 1774 wurde die päbstliche Unterdrückungsbulle den Mitgliedern des Bonner Jesuitencollegiums mitgetheilt. Die Güter des Ordens beschloss die kurfürstliche Regierung zur Hebung des Unterrichts zu verwenden; wie schon Clemens August in Bonn Lehrstühle für Jurisprudenz und Philosophie errichtet hatte, wurden nun, bereits im September 1774, einige Lehrer aus allen Facultäten bei dem Bonner Gymnasium angestellt, und nachdem im J. 1777 der Fonds desselben durch einen mit der Stadt Köln über die Güter des dortigen Jesuitencollegs abgeschlossenen Vergleich ansehnlich vermehrt waren, in demselben Jahr das Ganze zu einer Akademie erhoben. Eine ausführliche Darlegung der Motive, welche zu ihrer Stiftung geführt, ist uns in einem interessanten Rescript von 1783[1]) erhalten. „Wir sahen", heisst es hier, „mit ernstlichem Blick auf die Beschaffenheit der Schulen unseres Erzstifts, wir vernahmen, dass die kleinen Trivialschulen, in welchen der Grundstein eines guten Christen und rechtschaffenen Bürgers bei der zarten Jugend gelegt und diese zu höheren Wissenschaften vorbereitet werden sollten, wo nicht ganz ausser Acht gelassen, doch in ihrer Einrichtung sehr mangelhaft waren; wir sahen ferner die höheren Schulen und Wissenschaften in unserem Erzstift und Staaten eingeschläfert und in der Gefahr ganz vernachlässigt zu werden. Wir erkannten, dass die Köllnischen Schulen jene Früchte nicht mehr hervorbrächten, welche man sich bei ihrer Einrichtung von ihnen versprach, wir fanden dieselben von ihrer ersteren Einrichtung entwichen. Durch die bis zum höchsten Missbrauch und schier äussersten Verderb eingerissenen Schulzänkereien wurden die vorzüglichsten, das Wohlsein unseres Erzstifts und Staates beziehende Lehren und Wissenschaften entweder ganz in den Schulen hintangesetzt oder doch ohne sonderbaren Nutzen nur obenhin abgehandelt. Wir sahen sie sich selbst überlassen, weil es ihnen an nöthiger Aufsicht fehlte und sie von unserer Einsicht und

---

wurde vor einigen Jahren durch den wahrhaft patriotisch denkenden Hr. Pfarrer Schlösser in Lengsdorf eine Schule eröffnet und ein armer, aber ziemlich geschickter Schulmeister dabei angestellt: er konnte aber wegen der grossen Armuth der Leute nicht lange daselbst bleiben." (Meusel, Histor. Litt. f. 1784 Bd. 2, 363). Und über die höchste Bildungsanstalt des Landes, die Kölner Universität äusserte 1777 ein Kölner Professor Dr. Menn: „Es waren Zeiten, wo sich unsere Vaterstadt das Athen am Rheine nennen durfte. — Aber warum musste doch unser Athen dem alten auch darin gleich werden, dass die Wissenschaften von ihm auswanderten und dieser ihr Wohnsitz in gänzlichen Verfall geriet? Seit anderthalb Jahrhunderten sieg sich ein immer trüberer Nebel um uns her, der auch sogar von dem im übrigen Europa mehr und mehr aufgehenden Licht keinen Strahl zu uns durchliess. Es verscheuchten wohl innerliche Unruhen oder Kriegsläufe die Musen eine Zeit lang von ihrem geliebten Wohnsitz, aber ist es nicht eine unverzeihliche Sache, dass hier statt einer vernünftigen Gelehrsamkeit die Sphynx jener Tatmosophien abgesegneten und leeren Schulweisheit unter der Larve einer systematischen Philosophie sich vor das federale Heiligthum lagerte und es bisher gegen die Ansprüche der zurückkehrenden Wahrheit mit Vorurtheilen behauptete?" Bianco, Die alte Universität Köln, 1. 590. Vgl. Ennen, Zeitbilder S. 30 ff.

Dasselbe findet sich in dem Aktenfascikel: Einkünfte und Rechnungswesen der vormaligen Kurkölnischen Universität (Bonner Universitätsbibliothek S. 92 u. IV no. 2). Ueber die Einrichtung der Bonner Akademie liegen zwei sehr eingehende, leider nicht unterzeichnete Gutachten vor in dem Aktenfascikel: Vorschläge zu Plane zu der zu errichtenden kurfürstlichen Akademie zu Bonn (a. a. O. d X n. 1 u. 2). Eben dort findet sich auch ein leider defect erhaltener umfangreicher Reformvorschlag von Prof. Brewer.

zu erlassenden Verordnungen entzogen zu sein glaubten; wir erinnerten uns dabei jener ernsthaften und öfters wiederholten Bemühungen unseres Vorfahren Adolf[1]) und der ganzen Kölnischen Provinzialversammlung, welche gänzlich vereitelt worden. Ungeachtet der päbstlichen sowohl als unterschiedentlichen kaiserlichen, und zwar von ist regierender Allerhöchst-Kaiserlicher Majestät darüber erlassenen ruhmwürdigsten Verordnungen blieben doch dieselbigen bei ihrer vorigen Beschaffenheit ungeändert; wir sahen daher mit Grund vor, dass eben jene Hindernisse, welche so viele heilsame Verordnungen vertitelten, auch unsere Verwendungen in ihrem Ursprung ersticken würden. Wir vernahmen zu unserem Höchsten Missvergnügen vielfältige Klagen, dass Unterthanen unseres Landes und Zöglinge unseres Erzstifts, auch jene, welche genannten Schulen die nächsten waren, sich von selbigen entfernten, auf andere Universitäten, wo unserer Religion entgegenstehende Lehren und Sätze vorgetragen wurden, sich verfügten, um in jenen Wissenschaften, nicht ohne Gefahr ihrer einzigen und wahren Religion, sich zu üben, welche sie auf den Schulen unseres Erzstifts und Staaten nicht erlernen zu können, wegen Abgang nöthiger Einrichtung, vermeinten. Aus diesen wichtigsten, von uns genauest und öfters erwogenen, das Wohlsein unseres Erzstifts und Staaten sehr nahe betreffenden Ursachen haben wir uns entschlossen, dass wir zu unserer Residenzstadt Bonn unter unserer eigenen Höchstpersönlichen Aufsicht eine öffentliche Akademie im J. 1777 stifteten, welche als ein Generalstudium in unserem Erzstift und Staaten, und dessen Nutzen allgemein, auch für jene sein sollte, welche anderen Staaten zwar Bürger, aber unserer erzbischöflichen obristhirtlichen Obsorge von der göttlichen Vorsicht übertragen sind; wir ordneten ferner zu dem Ende einen ordentlichen Akademierath gnädigst an, dem wir die Obsorge und Verbesserung des ganzen Schulwesens, auch der kleineren Trivialschulen unseres Erzstifts und Staaten anvertrauten, weil wir sehnlichst wünschen, dass die zärtliche Jugend mit den Grundsätzen unserer christlichen Religion, guten Sitten, nöthigen und nützlichen Wissenschaften gleichfalls erwachsen, und alle der Kirche und Staaten nützliche Glieder und Bürger werden sollen."

Wir sehen, die neue Einrichtung sollte nicht minder den niederen wie den höheren Unterricht fördern; in der That widmete der genannte Akademierath auch den Trivialschulen seine Aufmerksamkeit; doch führten seine Bemühungen zu Lebzeiten von Max Friedrich, wie es scheint, zu keinem erheblichen Resultat[2]). Mehr geschah für die wissenschaftlichen Studien, die auf der Akademie selbst gepflegt wurden. Erfreulicher Weise sind uns von mehreren Jahren die Verzeichnisse der auf ihr gehaltenen Vorlesungen aufbewahrt[3]);

---

1) Die Bemühungen des Erzbischofs Adolf III (1546—1556) für Hebung des Unterrichts sind eingehend in einem früheren Abschnitt dieses Schreibens geschildert.

2) S. Bericht des Akademieraths an den Kurfürsten vom 2. Januar 1783 in dem S. IV, Anm. 2 citirten Aktenfascikel: Vorschläge und Pläne zu der zu errichtenden kurfürstlichen Akademie fol. 4.

3) Handschriftliche Verzeichnisse finden sich in dem Aktenfascikel: Lehrwesen und Lehrpläne von verschiedenen Jahren (Bonner Universitätsbibliothek S. 92 d. VI), gedruckte in einem Sammelband der Bonner Universitätsbibliothek Ab. 1227. Lectionskataloge der Akademie haben auch Meuser vorgelegen bei seinem Aufsatze: Zur Geschichte der kurfürstlichen Universität Bonn in Lersch's niederrheinischem Jahrbuch 1844, S. 86 - 163, der, soweit mir bekannt, bisher einzigen selbstständigen literarischen Bearbeitung, welche die Geschichte der alten Bonner Universität gefunden.

sie geben uns die Möglichkeit, uns ein Bild ihrer Thätigkeit zu entwerfen. Gehalten wurden die Vorlesungen in dem alten Jesuitencollegium in der Bonngasse, dem heutigen Gymnasialgebäude, alle Hauptfächer in öffentlichen Collegien gelehrt, die gratis gelesen wurden; doch erboten sich daneben die Professoren meist auch zu Privatvorlesungen und zu Repetitorien. Begonnen wurden die Vorlesungen stets Anfang November, geschlossen Ende September; an bestimmten Tagen fanden jährlich öffentliche Disputationen Statt. Neben dem Vortrag der heute auf der Universität gelehrten Wissenschaften ging ein Unterricht in Fächern her, die wir heute dem Gymnasium zuweisen. Wir begegnen in unseren Katalogen einem ziemlich bunten Gemisch von „philologischen Vorlesungen"; dabei ist rühmend die ausgedehnte Berücksichtigung hervorzuheben, welche der Pflege des Deutschen zugewandt worden, während leider die classischen Sprachen und namentlich das Griechische hier, wie später auf der Universität, arg vernachlässigt worden. Der theologische Unterricht lag in den Händen der Minoriten; die beiden Professoren, die in den ersten Jahren theologische Vorlesungen hielten, gehörten diesem Orden an, Marcellin Hoitmar und Sinnigen, und ebenso Justinian Schallmeyer [1]), der 1782 an Sinnigens Stelle trat. Auch in der philosophischen Facultät finden wir neben dem Lieutenant Sandfort, der Mathematik lehrte, zwei Minoriten thätig, Elias van der Schüren [2]) und Jochmaring [3]); ersterer las Logik, Psychologie, Geschichte der Philosophie, Naturrecht, letzterer Physik und Mathematik. Schlimm bestellt war es in den ersten Jahren mit der Medicin; ein einziger Professor, Franz Wilhelm Kauhlen [4]), vertrat alle medicinischen Wissenschaften; er musste in den verschiedenen Jahren Anatomie, Physiologie, Chirurgie, Pathologie und gerichtliche Medicin vortragen. Die meisten Lehrer zählte die juristische Facultät; hier unterrichteten Peter Dünwald, Jacob Müller, Gottfried Moll [5]), Hubert Brewer [6]), Joseph Vitalian Lomberg [7]). Auch die hervor-

---

1) Aegidius Jakob Schallmeyer war am 31. Mai 1757 zu Eupen geboren, trat November 1774 in den Minoritenorden, erhielt damals den Namen Justinian, studirte seit 1776 in Bonn und wurde hier besonders Hedderichs Schüler. Vgl. Apollinar, Festgesang, als die kurfürstlich-kölnische Universität zu Bonn den sechsten Jahrgang ihrer Entstehung feierte, den 20. November 1791. Zum Anhang folgt: Ode auf die Einrichtung und Einweihung unserer Universität sammt einigen biographisch-literärischen Nachrichten. Diese Nachrichten sind unsere wichtigste Quelle über die Lebensschicksale mehrerer Bonner Professoren. Der Verf., ein Bonner Hofrath, dessen Dichtername Apollinar, stand in nahen Beziehungen zu den hervorragendsten unter ihnen, namentlich zu Dereser. (Vgl. die Einleitung zu dessen Rede über religiöse und papistische Toleranz S. 5 Anm. d.) Genanntes Werk ist neuerdings wieder abgedruckt im: Rheinischen Antiquarius, Mittelrhein, Abth. III Bd. XIV Lief. 1, 54 – 75.

2) v. der Schüren (Peter Joseph mit seinem Tauf-, Elias mit seinem Ordens-Namen) war den 13. März 1750 zu Aachen geboren, studirte zu Trier unter Hedderich, wurde dann Lehrer in Münster, 1777 nach Bonn berufen. Vgl. Apollinar a. a. O. S. 40.

3) Jochmaring, Johann Hermann, geb. 1750 zu Greven. E. Hassmann, Nachrichten über münsterländische Schriftsteller.

4) Franz Wilhelm Kauhlen, geb. zu Hemmerden am 27. Januar 1750, begann in Köln Theologie zu studiren, wandte sich dann aber schon dort zur Medicin und setzte diese seine medicinischen Studien in Duisburg und Strassburg fort, liess sich dann als praktischer Arzt in Bonn nieder, ward 1777 kurf. Hofrath, 1782 Oberarzt der hiesigen Kriegsbesatzung. Apollinar a. a. O. S. 37.

5) G. Moll geb. in der gräflich Salm-Dyk'schen Unterherrschaft Alfter des Erzstifts Köln 1753 (Meusel Gelehrtes Deutschland V 10, 316) las besonders Criminal- und Lehenrecht.

6) Brewer 1744 in Bonn geb. las Pandekten, Prozess und bekleidete das Amt eines Fiskus der Akademie.

7) J. V. Lomberg geb. zu Bonn 1740 (Meusel a. a. O. V 4, 500) vertrat das Völker- und Staatsrecht.

ragendste und einflussreichste Persönlichkeit der Akademie gehörte dieser Facultät an, der Repräsentant des Kirchenrechts, Philipp Heddcrich[1]). Er war am 7. November 1744 zu Bodenheim. bei Mainz geboren, 15 Jahre alt in Köln in den Minoritenorden eingetreten und hatte dort auch seine theologischen und juristischen Studien begonnen. Erst 22 Jahre alt wurde er hier dann selbst als Lehrer der Theologie und des Kirchenrechts angestellt; 1771 kam er nach Trier. Die Jahre, die er in dieser Stadt verlebte, wurden für ihn von entscheidender Bedeutung; er trat hier in nahe Beziehungen zu Hontheim und suchte, als er 1774 nach Bonn berufen worden, auch dort für die Verbreitung febronianischer Ideen zu wirken. Durchaus in Uebereinstimmung mit dem leitenden Minister vertrat er in seinen Schriften wie auf dem Katheder jene freiere dem römischen Stuhl oppositionelle Richtung, die damals überall im katholischen Deutschland an Einfluss gewann und eben jetzt in Kurköln durch lang andauernde Streitigkeiten zwischen dem Nuntius und dem erzbischöflichen Hofe besonders genährt wurde. Hedderich selbst war ein äusserst fruchtbarer Schriftsteller von nicht geringer Belesenheit und Gelehrsamkeit; die Göttinger gelehrten Anzeigen nennen ihn einen „unserer gelehrtesten Kanonisten"; er war dabei offenbar ein Lehrer von entschiedenem pädagogischen Talent. Zwei seiner nachmaligen Collegen in Bonn, die beiden oben genannten Minoriten Schallmeyer und van der Schüren, waren durch ihn herangebildet; sie vertheidigten als Lehrer der Akademie mit ihm die gleiche Sache.

Begreiflich, dass oben diese Richtung der einflussreichsten Professoren — Hedderich bekleidete neben seinen anderen Aemtern auch den wichtigen Posten eines Censors — mannigfachen Anstoss erweckte, begreiflich, dass namentlich von Köln aus die Anstalt, in welcher man nicht bloss die Rivalin, sondern auch die Vertreterin einer entgegengesetzten wissenschaftlichen und kirchlichen Richtung sah, mit wenig freundlichen Augen betrachtet wurde[2]). Und nicht minder begreiflich, dass diese feindliche Gesinnung stieg, je bedeutender die Akademie sich entwickelte. Man hatte für deren Hebung Manches Seitens der kurfürstlichen Regierung gethan; im J. 1778 war verordnet worden, jeder Kurkölnische Jurist solle auf der Bonner Akademie studiren: immer aber fehlte es an dem Wichtigsten, an den nöthigen Lehrkräften. Diesem Grundübel wirksam abzuhelfen erliess am 22. Juni 1783 der Kurfürst ein Rescript[3]) an die einzelnen Mönchs-Klöster seines Territoriums; er erinnerte sie, wie seit alter Zeit die Pflege des Unterrichts als eine Hauptaufgabe der Klöster betrachtet worden, und kam endlich auf Grund einer dahin abzielenden ausführlichen historischen Erörterung zu dem Befehl: dass Ihr uns zwei würdige und zu jenem Fache der Wissenschaften, wohin wir dieselbe nach vorgehender Prüfung bestimmen werden, fähige und auf Eure Kosten dahier zu unterhaltende Geistliche aus Eurem Gotteshause innerhalb 4 Wochen nach Verkündigung dieses unseres gnädigsten Ausschreibens in Vorschlag bringen oder aber in ist bestimmter Zeit für Unterhalt der anstatt derselben anzustellenden Lehrer zu einem Beitrag gehorsamst erklären sollt. Gleichzeitig wurden die Nonnenklöster aufgefordert, sich ebenfalls binnen 4 Wochen zu einem ansehnlichen jährlichen Beitrag zur Unterstützung der Aka-

---

1) Vgl. Apollinar a. a. O. 26—32.
2) Schon im J. 1779 kam es zu einer Klage des Kölner Domkapitels gegen Hedderich, über welche uns eine Reihe von Akten erhalten sind in dem Aktenfascikel: Hedderich X (Bonner Universitätsbibl. S. 92 f. XI.)
3) S. S. IV Anm. 1.

demie bereit zu erklären. Gegen diese Verfügungen aber erhob man nun in Köln Einsprache; ja der Kölner Magistrat wandte sich mit einer Klage an den Kaiser. Und auch der Pabst, den Max Friedrich um eine Sanctionirung seiner Anordnung angegangen, erklärte sich mit derselben nichts weniger als einverstanden[1]). Er beklagte, dass der Kurfürst nicht früher seinen Rath eingeholt, er bedauerte, dass manchen Klöstern durch diese Verordnung eine unbillige und zu schwere Last aufgebürdet wurde; vor Allem aber wandte er sich in scharfen Worten gegen Hedderich; solle er (der Pabst) die Akademie bestätigen, so sei die Entfernung dieses Mannes die erste Bedingung[2]).

Eine ganz andere, durchaus günstige Aufnahme fand dagegen das Vorgehen des Erzbischofs in Wien; man wünschte dort nur das Eine, der Kurfürst möge ausdrücklich erklären, dass seine Verordnung nur auf diejenigen Klöster seiner Erzdiöcese sich beziehen solle, welche auch seiner Landeshoheit untergeben, da in dem entgegengesetzten Fall leicht Streitigkeiten mit anderen Landesherrn zu fürchten seien: ein Wunsch, dem die Bonner Regierung sofort in einem eigenen nach Wien gerichteten Schreiben nachkam. Schon am 19. September 1783 konnte der Agent des Kurfürsten in Wien seinem Hofe melden, die Sache der gegen denselben beim Reichs-Hofrath Seitens des Kölner Magistrats angestrengten Klage befinde sich in den besten Händen; in der That wurde im Januar 1784 der genannte Magistrat abschlägig beschieden[3]).

Bereits vorher hatten in Bonn die neuen durch das Rescript des Kurfürsten für die Akademie erworbenen Lehrer ihre Thätigkeit begonnen. Die Kölner Klöster St. Pantaleon und St. Martin, die Benedictinerabteien in Deutz und Brauweiler hatten je einen ihrer Angehörigen als Lehrer nach Bonn gesandt: Anselm Beeker, Sebastian Seheben, Andreas Spitz und Franz Cramer[4]); sie übernahmen die Professuren der Polemik, der Pastoral-Theologie, der Kirchengeschichte und der Diplomatik. Dazu kamen zwei Carmeliter, Anastasius a S. Rosa und Thaddäus a S. Adamo; ersterem wurde der Unterricht im Hebräischen, Chaldäischen und der Exegese des alten Testamentes, letzterem das Griechische und die Exegese des neuen Testamentes zugewiesen. Endlich ermöglichten die hingekommenen Geldbeiträge auch die Anstellung neuer Lehrer in der medicinischen und juristischen Facultät; in jener traten neben Kauhlen, der wie erwähnt bisher Jahre lang allein alle medicinischen Fächer vertreten hatten, jetzt Rougemont und Gynetti; für die juristische Facultät wurde H. G. W. Daniels

---

1) Das päbstliche Schreiben vom 30. August 1783 befindet sich auf der Bonner Universitätsbibliothek S. 92 a.

2) Praeterea cum maxima adhibenda esset cautio, ut optimis instituendae academiae professoribus foret instructae, a quibus nimirum omnis sinistra doctrinae suspicio deberet, et cum id, quod summopere interest, a Te Nobis praecipue fuisset referendum: ipse nihil attulisti quo nostram hanc sollicitudinem sublevares, quae tanto magis Nos angit hoc tempore, quo lethis florere apud Te audimus Hedderich illum, cuius ejusmodi quaedam sententiae theseaque pervulgatae sunt, ut facile intelligi valeat, plurimam inferri labem adolescentibus ab eo posse, ut multo potius esset magisterio illos carere, quam talibus imbui disciplinis. Hinc agnoscis approbari Nobis nullo modo posse academiam ullam, in qua vel canonicum jus vel aliam scientiam quamlibet ille profiteatur.

3) S. die Correspondenz des kurkölnischen Agenten in Wien Dietrich mit der Bonner Regierung in den auf der Bonner Universitätsbibliothek S. 92 e. IX aufbewahrten Akten.

4) Ueber Seheben vgl. Apollinar a. a. O. 42, Anm.; über Cramer Selbertz, Westfälische Beiträge zur Deutschen Gesch. 1, 132 und Ersch und Grubers Encyclopädie 1 20, 85.

gewonnen. In einer feierlichen Rede führte Hedderich am 11. November 1783 sämmtliche neue Professoren in ihr Amt ein; er forderte sie schliesslich zur Ablegung des Tridentinischen Glaubensbekenntnisses auf, beschwor sie stets desselben eingedenk zu sein, um den Endzweck der Akademie zu fördern, „der Religion und Kirche Blüthe und Stärkung" [1]).

Besonders der Gewinn von Daniels, Rougemont und dem Pater Thaddäus, oder wie er mit seinem Taufnamen hiess, Anton Dereser war für die Akademie von grösster Wichtigkeit; sie haben auf dieser und der aus ihr hervorgegangenen Universität eine sehr hervorragende Stellung eingenommen, beiden Anstalten wesentlich mit ihre Signatur gegeben. Alle drei standen damals noch in jugendlichem Alter: Daniels war 1754, Rougemont 1756, Dereser erst 1757 geboren; alle aber hatten sich bereits als Lehrer versucht; Daniels war daneben in praktischer Thätigkeit erprobt; er war schon 1780 von Max Friedrich als Hofgerichtsrath angestellt. War so Daniels, der in Köln geboren, dort auch studirt hatte, mit den Verhältnissen des kölnischen Landes bereits auf das Genaueste vertraut, so kam dagegen Dereser ein geborener Franke, der in Würzburg und Heidelberg studirt hatte, aus Heidelberg, wo er seit 1780 Lehrer der Philosophie und Theologie gewesen, Rougemont überhaupt nicht aus Deutschland, sondern aus Frankreich. Er war geboren in St. Domingo, studirte in Lyon und Paris, wurd 1777 hier in die école practique aufgenommen, 1778 in dieser mit dem ersten Preise gekrönt und lehrte seitdem als Demonstrator der Anatomie zuerst in Paris und dann in Brest, bis er den Ruf nach Bonn erhielt [2]).

Durch die neu hinzugetretenen Lehrkräfte war die Akademie in den Stand gesetzt, eine wirklich bedeutsame Wirksamkeit zu entfalten: der Gedanke lag nahe, dieselbe dadurch zu steigern, dass ihr die Würde und Gerechtsame einer Universität beigelegt würden. Und in der That schon im Anfang des Jahres 1784 sehen wir die Bonner Regierung mit Ausführung dieses Planes beschäftigt; am 13. März d. J. wandte sich der Kurfürst an den Kaiser mit der Mittheilung, „er habe zu mehrerer Aufnahme und unumstösslicher Befestigung seiner Akademie es für zuträglich und höchstnöthig erachtet, dieselbe beiliegendermassen in eine Universität umzuschaffen und zu erheben" und bat „zur Beförderung dieses gemeinnützigen Vorhabens die allergnädigste Bestätigung zu ertheilen". In der That wurde schon am 7. April das gewünschte kaiserliche Diplom ausgefertigt.

Noch ehe er dasselbe erhalten konnte, war aber am 15. April Erzbischof Max Friedrich gestorben. Durfte man erwarten, dass sein Nachfolger seiner Stiftung mit gleichem Eifer sich annahm?

Es war kein anderer, als der jüngste Bruder Joseph II., Max Franz [3]). Er war am 8. Dezember 1756 geboren, damals also 27 Jahre alt. Von seinem Charakter hat uns sein Bruder Leopold in einem vertrauten Brief an Joseph II. ein interessantes, aber wenig schmeichelhaftes Bild ge-

---

[1] Diese Rede erschien im Druck u. d. T.: Anni 1783 diei undecima novembris academiae solemnia.

[2] Vgl. über alle drei Apollinar 22, 32, 34; über Dereser ausserdem Felder, Gelehrtenlexicon der katholischen Geistlichkeit 1, 163 und Düntzer, Rheinische Provinzialblätter 1839, Bd. 142 ff.; über Daniels, Kampts, Jahrb. f. preuss. Gesetzgebung Bd. 29, S. 271—275 und Nekrolog der Deutschen V 1, 330.

[3] S. ausser den S. III Anm. 1 citirten Quellen besonders die ihn betreffenden Stellen bei Arneth, Maria Theresia und Joseph II., die im Register Bd. III S. 291 verzeichnet sind.

zeichnet. Leopold rühmt seine gute Begabung, sein vortreffliches Gedächtniss, seine Höflichkeit und Gefälligkeit; aber als der Grundzug seines Wesens erscheint ihm eine geradezu staunenswerthe Indolenz. Max scheut nach ihm alles, was irgend geistige Anstrengung verursacht, jede geistige Arbeit, jedes ernste Gespräch, jede vernünftige Lectüre; misstrauisch gegen sich wie gegen alle Anderen liebt er es mit Leuten zu verkehren, denen er sich überlegen weiss; in den kleinen wie in den grossen Dingen des Lebens fehlt es ihm an jeder Initiative; es ist interessant und unterhaltend in dem Bericht zu lesen, bis zu welcher Vollendung der Erzherzog es in der Kunst gebracht, alles zu vermeiden, was ihn irgend geniren könnte. Er war 19 Jahre alt, als sein Bruder diese Schilderung von ihm entwarf; fünf Jahre später gelang es dem Geschicke der österreichischen Diplomatie seine Wahl zum Coadjutor von Max Friedrich in Köln und Münster durchzusetzen (1780, 7. u. 16. Aug.)[1]; in demselben Jahre wurde er auch zum Hochmeister des deutschen Ordens in Mergentheim gewählt. Es ist bekannt, dass Mozart, als er den Prinzen, den er 1775 zu Salzburg gesehen hatte, nach diesen Wahlen 1781 wieder traf, ihn in hohem Grade und wenig zu seinem Vortheil verändert fand; in der That scheint eine Veränderung seines Wesens vorgegangen zu sein, nur möchte ich sie eher als eine günstige bezeichnen; er war, scheint es, gesprächiger, freier, thätiger geworden, mehr bedacht, auch auf seine Umgebung zu wirken. Jedenfalls, als ihn nun der Tod von Max Friedrich auf den erzbischöflichen Stuhl von Köln berief, zeigte er in keiner Weise jene Indolenz und Passivität, die einst Leopold in Erstaunen versetzt; war er vielleicht auch mehr geschäftig als thätig, immer ist nicht zu leugnen, dass er namentlich in den ersten Jahren mit allem Eifer den Regierungsgeschäften sich widmete. Allerdings wie an geistiger Bedeutung so war er auch an Arbeitskraft seinen beiden ältesten Brüdern nicht vergleichbar; jenen ungestümen Trieb zu wirken und zu schaffen, der vor Allem Joseph characterisirt, dessen schroffe Energie würde man bei ihm vergebens suchen. Auch in seinen kirchlichen und politischen Anschauungen war er von seinem kaiserlichen Bruder verschieden, um Vieles weniger leidenschaftlich und radical, durchaus festhaltend an den Lehrsätzen der katholischen Kirche, auf der anderen Seite aber nicht minder erfüllt von dem Bewusstsein seines Herrscherrechts, entschlossen, jeden gegen diesen Punkt gerichteten Angriff, käme er auch vom Pabste, entschieden zurückzuweisen, beseelt dabei von dem Wunsche, Wissenschaft und Aufklärung zu fördern. Ich habe hier nur kurz daran zu erinnern, dass eben in die ersten Jahre seiner Regierung der Kampf der deutschen Erzbischöfe für ihre von Rom bedrohte Jurisdiction und Selbständigkeit, der Streit über die Nuntiatur, die Emser Punktation fällt; wir sehen den neuen Kölner Kurfürsten hier mit grösster Entschiedenheit für die Erhaltung und Erweiterung der erzbischöflichen Selbständigkeit einstehen. In solcher Lage musste die Pflege und Weiterbildung der wissenschaftlichen Stiftung seines Vorgängers ihm besonders nahe liegen; in der That entwickelte er für sie von Anfang seiner Regierung an die eifrigste Thätigkeit.

Wir besitzen aus den Jahren 1784 und 1785 eine Reihe von Schreiben, die zwischen

---

1) S. Dohms ausführlichen Bericht in den Denkwürdigkeiten meiner Zeit 1, 296 ff. Hocherfreut über diese Wahl ihres Sohnes war besonders Maria Theresia; s. die Auszüge aus ihren Briefen an Marie Christine bei Adam Wolf, Marie Christine 165.

ihm und dem Akademierath gewechselt worden [1]): in ganz anderer Weise energisch wurde aber die Vollendung der Universitätsstiftung in Angriff genommen, seit durch Patent vom 26. Juli 1786 [2]) Franz Wilhelm Freiherr Spiegel zu Diesenberg zum Präsidenten der Akademie und Vorsitzenden des Akademieraths ernannt war. Es kam damit an die Spitze der Anstalt der Mann, welcher, wie die Akten zeigen, recht eigentlich die Seele des Ganzen geworden. Spiegel [3]) war den 30. Januar 1752 zu Canstein geboren, der älteste Sohn des Freiherrn Theodor Hermann, Landdrosten in Westfalen, der älteste Bruder des späteren Erzbischofs von Köln [4]). Er studirte in Löwen und Göttingen, trieb hier juristische historische und philosophische Studien, hörte bei Pütter und G. L. Böhmer, bei Heyne und Schlöser. Nach Vollendung dieser Universitätszeit wurde er am Hofrathscollegium in Bonn angestellt; hier entschloss er sich, dem geistlichen Stand sich zu widmen und wurde Domherr in Münster und Hildesheim. Als solcher unternahm er eine Reise nach Rom; heimgekehrt wurde er nach dem Tode seines Vaters (1779) dessen Nachfolger als Landdrost von Westfalen. Er sorgte hier für gute Polizei- und Justizpflege, wie für Verbesserung der Unterrichtsanstalten; Verdienste, welche er sich in dieser Stellung erwarb, bewirkten, dass Max Franz ihn bald nach seinem Regierungsantritt zum Geh. Extraconferential-Regierungsrath ernannte, ihm das Präsidium der Hofkammer und die Direction des Hofbauwesens übertrug. So war er durch vielseitige Studien, durch mannigfache Thätigkeit gebildet, er hatte bereits ein entschiedenes organisatorisches Talent an den Tag gelegt, als er nun 34 Jahre alt die Leitung der Akademie übernahm.

Seine Thätigkeit machte sich sofort geltend; der Akademierath [5]) unterbreitete am 23. September 1786 dem Kurfürsten einen ausführlichen Entwurf über die Festlichkeiten, welche die Einweihung der Universität verherrlichen sollten, sowie über die Einrichtung der neuen Anstalt, besonders über die Ertheilung akademischer Würden und Ehrenstellen; er übersandte an demselben Tag den genau ausgearbeiteten Vorschlag einer Studienordnung. Beide in un-

---

1) Sie beziehen sich u. A. auch auf das Lehrerpersonal. Im J. 1785 erhielt Hedderich einen vortheilhaften Ruf nach Mainz; seine Entlassung war bereits ausgefertigt; er liess sich dann aber doch zum Bleiben bewegen. Dagegen schieden die Lehrer Crevelt und Schönebeck, die 1784/85 Materia Medica und Botanik vorgetragen hatten, in dem folgenden Jahre wieder aus, „da der wenige Zulauf, den ihre diesjährigen Collegien gehabt haben, dieselben auch ganz entbehrlich macht".

2) S. das Aktenfascikel: Verstand und Verwaltung der Akademie, Bonner Universitätsbibl. S. 92 e V fol. 321.

3) Vgl. den auf Mittheilungen des Amtmanns Philippi zu Canstein basirten Aufsatz von Seiberts, Westfälische Beiträge zur Deutschen Geschichte 2, 147.

4) Vgl. den Stammbaum des Geschlechts Spiegel-Desenberg bei Fahne, die Herren und Freiherrn von Hövel 1, 178.

5) Ueber das Folgende, die Inauguration der Universität und die Vorbereitungen zu derselben vgl. die officielle, nach einer Angabe von Dereser verfasste Schrift: Entstehungs- und Einweihungsgeschichte der Kurkölnischen Universität zu Bonn. Kl. Fol. 79. S. Bonn, Abshoven. Dieses Werk ist neuerdings fast ganz wieder abgedruckt im Rheinischen Antiquarius, Mittelrhein, Abth. 3 Bd. 14 Lfg. 1, S. 4 – 54. Wichtiger sind die auf der Bonner Universitätsbibliothek S. 92 b II u. III aufbewahrten Akten und vor Allem die „Akten zur Inauguration der Universität", die früher im Besitz des II. Steuerempfänger Manger in Siegburg von diesem in überaus liberaler Weise an den zeitigen Rector der Bonner Universität, H. Prof. von Sybel überliefert sind. Letzterem verdanke ich die gütige Mittheilung derselben; er hat mir dadurch den ersten Anlass zu der Bearbeitung vorliegender Schrift gegeben.

serer Schrift zum ersten Male mitgetheilten Aktenstücke geben wie mir scheint zusammengenommen mit den Bemerkungen, die der Kurfürst zu denselben gemacht, ein sehr gutes Bild von dem Geiste, welcher die Gründer der neuen Universität erfüllte; ich mache besonders aufmerksam auf die Bestimmung, dass, natürlich die theologische Facultät ausgenommen, Religion Niemanden von der Erlangung der Licentiaten- und Doctor-Würde ausschliessen sollte. Die Würde eines Kanzlers der Universität behielt sich der Kurfürst selbst vor; die oberste Leitung derselben wurde den Händen eines Curators und Rectors anvertraut. Erstere Stelle erhielt Spiegel; der Rector sollte jährlich gewählt werden; für das erste Jahr wurde zu diesem Amte der Director der unteren Klassen, Bonifacius Oberthür[1], designirt[2]). Beide sollten die Polizei der Universität leiten, „so lang als die Sache nicht fiscal oder criminal wird"; alsdann sollte sie „an die Juristenfakultät gebracht werden, wo der Curator und Rector nebst den Decanen, zwei älteren Professoren der Juristenfakultät und der advocatus fisci die Sache weiter verhandeln. Auch „die Oeconomica, welche bisher bei dem Akademierath verhandelt sind, sollten in der Folge von dem Curator und Rector mit Beisitz des hierzu von den wirklichen Hofkammerräthen zu ernennenden Geh.-Rath Coels besorgt werden"[3]. Dem Curator war ausserdem die Leitung einer für das Bonner Gymnasium und alle Schulen des Landes einzusetzenden Schuldirection übertragen, sowie das Präsidium des Medicinalraths, der gebildet aus sämmtlichen Professoren der medicinischen Fakultät die Ordnung der Medicinalpoliaci wahrnehmen sollte[4].

Aber es galt nicht bloss, die akademischen Behörden, die Examina, den Gang der Studien zu ordnen, es galt daneben auch sehr materielle Fragen zu regeln, u. A. Wohnungen für die vermuthlich in grösserer Zahl eintreffenden Studenten zu beschaffen. Die Einwohner von Bonn, welche solche zu vermiethen bereit seien, wurden aufgefordert, Anmeldungen zu machen; am 4. November konnte in Folge dessen publicirt werden, dass „dermal zureichende Quartiere und Kosthäuser für die auf hiesiger Universität studiren wollende Candidaten zu verschiedenen Preisen ausfindig gemacht worden. Die Preise sind für eine gute Mittags- und Abends-Kost sammt Bier, für Frühstück, Heizung, Licht und ein möblirtes Zimmer von 12, 11, 10 und 9 Rthlr. per Monat — für Mittags- und Abendkost sammt Bier, ohne Logis, von 9 Rthlr., von einer Carolin und von 5 Rthlr. per Monat — für Mittagskost allein von 6 Rthlr. von 5½ Rthlr. und von 3 Rthlr. 20 Stüber per Monat. Die Mittagskost besteht in Suppe, Gemüse und Beilage, Rindfleisch, Ragout oder Braten, die Abendkost in Suppe oder Salat

---

[1] B. Oberthür, ein Bruder des berühmten Würzburger Theologen Franz O., geb. zu Würzburg 27. Sept. 1749, nach Auflösung der Bonner Universität im Stift Haug zu Würzburg Pfarrer, starb 2. Oktober 1804. Meusel, Gelehrtes Deutschland V 5, 473 und 11, 583.

[2] Die beiden folgenden Jahre war Hedderich Rector, 1789/90 Kauhlen, 1790/91 v. der Schüren, 1791/92 Scheben; der letzte Rector der Universität war Moll.

[3] Kurfürstliches Statut vom 4. Oktober in den Akten der Inauguration.

[4] „Dieser hat die in die Medicinalpolizei einschlagenden Geschäfte zu besorgen, in Fällen aber, wo Strafen zu erlassen sind, wird ihm nur die Untersuchung des Facti überlassen und sobald daraus die Nothwendigkeit einer Ahndung erhellt, soll die causa instructa cum voto unserem Kurf. Hofrathe zu fernerer Ausführung überlassen werden, wohin wir die Verfügung wollen ergehen lassen, damit auf Ansuchen der Medicinischen Fakultät solche Sachen ungesäumt von demselben vorgenommen werden." Aus dem in vor. Anm. citirten Aktenstück.

XIII

mit kaltem Fleisch, sodann noch einer Fleischspeise. Quartiere allein, mit und ohne Heizung, und nothdürftig ausmeublirt sind auch jetzt um geringere Preise als vorhin zu haben"[1]). Und neben den Wohnungen für die Studenten handelte es sich darum Quartiere für die Ehrengäste zu finden, die zu der Einweihungsfeierlichkeit geladen waren, um Wagen[2]), die bei den Festlichkeiten benutzt werden konnten; in verschiedene Zeitungen wurde ein Programm des Festes und eine Ankündigung der Universität eingerückt, an die nicht eingeladenen auswärtigen Universitäten wurde ein Notificationsschreiben[3]) geschickt (um Absendung von Deputationen hatte man nur Bamberg, Heidelberg, Köln, Mainz, Münster, Trier, Würzburg ersucht): die uns erhaltenen Akten zeigen, wie all dies die Professoren und vor Allem den Kurfürsten und Spiegel beschäftigte.

Unter ihren Bemühungen und Anordnungen waren endlich die Tage herangekommen, an denen die feierliche Inauguration der Universität Statt finden sollte. Man hatte als Hauptfesttag ursprünglich den 5. November in Aussicht genommen, sich dann aber für Montag den 20. November entschieden. Das Fest verlief, wie das Bönnische Intelligenzblatt berichtet, „über alle Maassen prächtig und herrlich und zur höchsten Zufriedenheit Sr. Kurfürstlichen Durchlaucht". Er selbst leitete am Montage den Inaugurationsakt durch eine Rede ein, der dann zwei Reden Spiegels und Oberthürs und die Leistung des Amtseides Seitens des Rectors und der Professoren folgte; Mittags war Hoftafel von 90 Gedecken, zu welcher die einheimischen und fremden Professoren geladen waren, Abends grosses Concert; „nachher" heisst es in der officiellen Schilderung des Festes, „ward wie Mittags bei Hofe gespeist und aus der Hippokrene unseres Apolls strömten jedesmal ausländische und einheimische Weine jeder Gattung für die Musen". Die folgenden beiden Tage waren hauptsächlich Disputationen und Promotionen gewidmet; am Abend des Dienstags fand ein Ball im Englischen Hause Statt[4]); an demselben Abend bezeugte die Stadt durch eine grossartige Illumination ihre Theilnahme[5]). Auf Kosten des Stadtraths war nach dem Plane von Professor Sandfort auf

---

[1] S. Bönnisches Intelligenzblatt Jahrg. 1786, S. 185 und 189. Auch abgedruckt bei Meuser Niederrh. Jahrb. 1844 S. 172.

[2] Eben damals im November 1786 erhielt Bonn eine neue Droschkenordnung. An der Spitze des Bönnischem Intelligenzblatt vom 14. Nov. 1786 finden wir folgende Bekanntmachung: „S. Kurf. Durchlaucht haben zu Bequemlichkeit des hiesigen Publikums gnädigst gutgefunden, für die in hiesiger Höchstdero Residenzstadt Bonn befindlichen Lehnwagen nachstehende Taxe einstweilen festsetzen zu lassen: Für den Gebrauch eines Lehnwagens auf einen ganzen Tag bis Abends 11 Uhr 2 Rthlr., auf einen halben Tag 1 Rthlr. 20 Stüber, auf eine einfache Hinfahrt 20 Stüber, auf eine Hin- und Rückfahrt 40 Stbr. Zu Haltung solcher Lehnwagen haben Se. Kurf. Durchlaucht dem Posthalter Pauli die höchste Erlaubniss dergestalt verliehen, dass solche dem hiesigen Kurf. Posthause immerhin anklebig sein solle; auch haben vor der Hand zu ebenfallsiger Haltung derselben die hiesigen Hauderer Lauten, Radermacher, Lovenberg, Ahrens und Neubauer sich erboten".

[3] Dasselbe ist eingedrückt in den ersten Bericht des Akademieraths vom 23. Septbr. Die Antworten darauf finden sich: Einweihungsgesch. 26—84 und 79.

[4] Die Liste der Personen, an die Ballbillets auszutheilen, findet sich in den Akten der Inauguration.

[5] Ueber die Theilnahme der Stadt an dem Feste finden sich die genauesten Nachrichten in den Rathsprotokollen, deren Benutzung mir gütigst von H. Oberbürgermeister Kaufmann verstattet worden. Abbildung und Beschreibung der Ehrenpforte liefert die Einweihungsgeschichte.

dem Markte eine grosse Ehrenpforte aufgerichtet, geschmückt mit lateinischen und deutschen Inschriften, die Prof. Lomberg verfasst. Uns interessiren von den Feierlichkeiten am Meisten die dabei gehaltenen Reden[1]), weil sie den Geist charakterisiren, in welchem die Universität gegründet worden. Der Kurfürst pries in seiner Rede „Joseph, der die Menschen und den Nutzen der Aufklärung zu schätzen weiss"; an die einzelnen Facultäten wandte er sich mit folgenden Worten: „Ihr, sagte er, denen die so wichtigen göttlichen Wissenschaften anvertraut sind, werdet keine Mühe sparen tüchtige Theologen, nicht Grübler, sondern gründlich Denkende, nicht Neuerungssüchtige, sondern Gläubige, nicht Heuchler, sondern Ueberzeugte, nicht Verfolger, sondern Belehrer, nicht stolze, sondern sanftmüthige, nicht träge, sondern emsige, mit thätiger Nächstenliebe beseelte Geistliche zu bilden. Ihr Rechtslehrer müsset Euch bestreben, durch wahre Beibringung des Sinnes und des Zweckes der Gesetzgebung gute Rechtsgelehrte zu bilden, sofort dem Kandidaten den Stand eines Rechtsfreundes, eines Richters und dessen verschiedene Pflichten begreiflich zu machen, damit sie erkennen, wie wichtig, wie nützlich solche Aemter seien und wie sie sich dereinst beeifern sollen, ihnen die unparteilichste, die schleunigste Justiz zu verschaffen. Und Ihr, die Ihr Euch die Heilkunde des Menschen zur Beschäftigung machet, suchet die Natur des Menschen und ihre Heilmittel ganz zu ergründen; denn nur durch die Kenntniss derselben werdet Ihr gute Land- und Wundärzte bilden können. Sehet zurück zu Eurer Aneiferung auf die grosse Zahl Menschen, die Eurer Hilfe bedarf, und wie viele unglückliche Wittwen und Waisen der Mangel an derlei Leuten hervorgebracht hat. Lasst in dem Herzen Eurer Schüler das Gefühl des Wohlthuns und der Nächstenliebe entstehen, welches allein fähig ist, sie wahrhaft glücklich zu machen. Was soll ich zu Euch sagen, Ihr Weltweisen, die Ihr den Menschen mit sich selbst bekannt macht und zu allen anderen Kenntnissen vorbereitet. Ihr habet die Jünglinge unter Euren Händen, gerade in der Zeit, wo sich ihre Talente am Meisten entwickeln. Ihr lehret sie denken: das ist das Entscheidende des Menschen. Sie gottesfürchtig, edel, gehorsam, tugendhaft, redlich und für den Nächsten gefühlvoll denken lehren, sei Eure erste Pflicht. Den Menschen seine selbstige Seelenkraft, sein Verhältniss mit Andern, seine Schuldigkeiten und die Wege zum wahren dauerhaften Vergnügen kennen zu machen, ihn endlich zu lehren, wie er seine Gedanken ordnen und daher bestimmt und überweisend ausdrücken soll, sei Euer Lieblingsgeschäft. Dann werdet Ihr die Jünglinge denken, Ihr werdet sie richtig schliessen gelehrt haben, wodurch der Mensch allein gebildet und befähiget wird, sich Seele, Körper und Vermögen zu erhalten und gegen die verschiedenen in diesem Leben vorfallenden Angriffe zu schützen". Wesentlich gleiche Anschauungen finden wir in Spiegels Rede ausgeprägt, der einen kurzen Ueberblick über die bisherige Geschichte der Kölnischen Schulanstalten gab. „Der Himmel", sagt er zum Schluss, „hat uns unter allen Völkern Deutschlands vorzüglich beschenkt. Die Natur ist in den Abwechslungen ihrer Produkte sowohl als in deren Werth gegen uns gleichfalls verschwenderisch gewesen. Nutzen werden uns diese Reichthümer

---

1) Die bei dem Fest erschienenen Schriften finden sich in unserem Verzeichniss der von Mitgliedern der Bonner Universität verfassten Schriften. Sämmtliche Reden sind abgedruckt in der Einweihungsgeschichte, die Reden des Kurfürsten und Spiegels im Journal von und für Deutschland 1787, Bd. I, S. 168.

nichts, nie können sie unter unsern Händen gedeihen, werden uns nie zu dem Grade der Wohlfahrt führen, dessen wir fähig sind, wenn wir sie nach ihrer Bestimmung zu gebrauchen nicht gelehrt werden, wenn sich nicht von den höheren bis auf die unterste Classe der Staatseinwohner der Satz zur Evidenz verbreitet und die Wahrheit davon gefühlt wird, dass der Zweck des Allerhöchsten die Vervollkommnung Unserer und alles, was uns hienieden umgiebt, ist, dass die Absicht des Allweisesten nie erreicht wird, wenn wir von dem bisherigen Gebrauche der Dinge auf die Unmöglichkeit eines verbesserten Gebrauches schliessen". Und zu Ansichten, wie sie hier von dem Kanzler und Curator der Universität vorgetragen, bekannten sich bei den an den folgenden Tagen Statt findenden Disputationen auch die hervorragendsten Professoren; am Interessantesten ist die von Dereser gehaltene Vorrede zur theologischen Disputation. „Wenn die Gottesgelehrtheit des Katholiken", so begann er, „diese unserem philosophischen Jahrhundert so gehässige Wissenschaft, ihren verdienten Werth erhalten soll, so muss sie auf Hermeneutik gegründet, mit Geschichte verbunden und in der Volkssprache vorgetragen werden. Die Hermeneutik, von orientalischer Sprachkenntniss geleitet, führt den Theologen an die Quelle der Offenbarung, macht ihm die ältesten Urkunden der heiligsten Religion verständlich und zeigt, was eigentlich die redende Gottheit von dem Menschen fordere, was er nach ihren Aussprüchen zu glauben, und wie er nach ihrem Willen zu handeln habe. Die Geschichte, kritisch behandelt, stürzet den Götzen des Ansehens, zertrümmert die Fessel knechtischer Anbeter des Alterthums und bringt die goldene Freiheit im Denken zurück, da sie mit forschenden Blicken auffallende Fehler in den Systemen solcher Väter entdecket, deren einziger Name sonst hinlänglich war, Sätze zu beweisen, Sätze zu widerlegen. Der reine, gutgewählte Vortrag in der Volkssprache verbannt von akademischen Lehrstühlen eine Menge unnützer Schulfragen, für welche, weil sie an Begriffen leer sind, in lebenden Sprachen sich keine Ausdrücke finden, bringt Folianten von untheologischem Wortkram auf wenige zum Wohl der Menschheit abzweckende Wahrheiten und stellt echte Gottesgelehrtheit, die weltbeglückende Tochter des Himmels in einem Gewande dar, worin sie jeder Sterbliche zur inneren Beruhigung willig umarmt". Dereser vertheidigte dann eine Schrift über die Geschichte des H. Jonas. Ein Opponent führte an, dass einige hier aufgestellte Sätze, welche auch Isenbiehl gelehrt, zu Mainz verdammt wären. Dereser erwiderte, man hätte sie widerlegen, nicht verdammen sollen; jenes sei schwerer aber nützlicher als dieses. Man sah, heisst es in einem an Nicolai gerichteten Brief[1]), dem Kurfürsten an, dass er diese freimüthige, echt christliche Aeusserung billigte.

Ich habe es für nothwendig gehalten, ausführlicher die Gründung der Universität, soweit thunlich, die Personen und Verhältnisse zu schildern, die für dieselbe von besonderer Bedeutung geworden; es ist nicht die Absicht dieser Blätter eine erschöpfende Geschichte der Universität zu liefern. Zu einer solchen würde nur berufen sein, wer über die wissenschaftlichen Leistungen ihrer bedeutendsten Professoren als Fachmann zu urtheilen im Stande; ich erachtete es für meine Aufgabe vor Allem und zunächst das Material zusammen zu bringen, auf welches vornehmlich eine solche zu basiren. Die wichtigsten der mir zu Gebote gestandenen Materialien sind unten abgedruckt; sie geben, irre ich nicht, die Möglichkeit

---

1) Dieser auch sonst interessante Bericht ist abgedruckt: Allg. Deutsche Bibliothek Bd. 71, 201 - 203.

an die Hand, wenigstens über die wichtigsten Punkte eine zutreffende Vorstellung zu gewinnen. Zusammenzustellen, was zu ihrem besserem Verständniss dienen könnte, darauf gestützt die eigenthümliche Bedeutung unserer Anstalt hervorzuheben, ist der Zweck dieser einleitenden Bemerkungen. Von diesem Gesichtspunkt aus wird es begreiflich erscheinen, dass ich glaubte mich in dem Folgenden kürzer als in den vorausgeschickten Bemerkungen fassen zu sollen.

Ueber das Bedeutendste, den auf der Universität herrschenden Geist lassen die Vorgänge bei ihrer Gründung keinen Zweifel zu: er tritt nicht minder auch in dem weiteren Verlaufe ihrer Geschichte zu Tage. Von besonderem Interesse sind eben in dieser Beziehung die Reden Spiegels, die er in jedem Jahre bei Einführung des neuen Rectors in sein Amt hielt[1]; 1788 sprach er bei dieser Gelegenheit über den Nutzen der Aufklärung[2]. Er halte es nicht für überflüssig, sagte er, eben dieses Thema zu behandeln; „denn von jeher gibt es Menschen, deren Interesse mit der Dummheit der Uebrigen unmittelbar verbunden ist; diese müssen wenigstens das Hellwerden nur immer zu verhindern, sich zum Ziel setzen. Je grösser das Licht wird, welches sich unter den Menschen verbreitet, desto stärker werden die von den Stupiditäts-Beförderern entgegengestellten Kräfte sein. Eine ihrer Hauptmaximen, wodurch sie ihre Absicht zu erreichen suchen, ist, den aus Aufruhr der Unterthanen entstandenen Zerfall eines Staats als Folge der dort allgemein gewordenen Kultur des menschlichen Verstandes vorzustellen, und da sie zur Begründung ihrer Behauptungen einen ganz unrichtigen Begriff von der Aufklärung selbst zum Grunde zu legen pflegen, so muss ihnen bei Vielen, deren Werk mehr glauben als forschen ist, der Sieg gewiss sein". Er gibt darauf selbst eine ausführliche Definition des wahren Begriffes der Aufklärung und kommt zu dem Schlusse, dass sie „nicht allein unschädlich sei, sondern vielmehr nothwendig, und je allgemeiner sie wird, desto sicherer erreichen wir das Ziel unseres Hierseins, das ist Glückseligkeit". Nicht minder charakteristisch sind die Schriften einiger der hervorragendsten Professoren; eben im ersten Jahre der neuen Universität betheiligten sich an dem Kampf der deutschen Erzbischöfe mit Rom Hedderich und Lomberg durch mehrere Flugschriften; unter dem Pseudonym Arminius Seld schrieb Ersterer über die Geschichte der Nuntien. Es ist nicht zu verwundern, dass eine solche Haltung einflussreicher Persönlichkeiten der neuen Universität die principiellen Gegner derselben nicht eben versöhnlicher stimmte. Das Kölner Domcapitel hatte sofort, nachdem ihm der Kurfürst seinen Entschluss der Gründung der Universität mitgetheilt, seine Bedenken nicht verhehlt; es hatte der ihm gewordenen Einladung Folge leistend Deputirte zu den Einweihungsfeierlichkeiten geschickt; als ihm aber wie allen an-

---

[1] Seine 1787 gehaltene Rede ist abgedruckt in der Berlinischen Monatsschrift, herausgegeben von Gedike und Biester 12, 326. „Wir zweifeln nicht", schreibt die Redaction, „dass auch unsere Leser mit Vergnügen die richtigen und edlen Grundsätze der Erziehung, die in derselben herrschen, bemerken werden". Es liegen mir ausserdem die 1788 und 1790 gehaltenen Reden vor.

[2] Gegen diese Rede erschien: Cornelius Agrippa von Verulamio apokalyptische Noten über die Einführungs-Rede des Freiherrn von Spiegel. 8. 83 S. Es wird hier S. 51 ein charakteristischer Auszug aus der 1787 erschienenen Schrift gegeben: Wer sind die Aufklärer? beantwortet nach dem ganzen Alphabet; er beginnt: Authoren abscheulliche ausgeschämte Ablassbestürmer Affen Aergernissstifter. B. Betrüger berufsmässige, Blinde. C. Christenthumsstörer, Cölibatsbestürmer, Cerimoniendiebe, Censurverachter. D. Despoten, Dolstan, Dummköpfe u. s. w. das ganze Alphabet hindurch.

deren Theilnehmern an dem Feste mehrere Exemplare der officiellen Beschreibung desselben übersandt wurden, schickte der Syndikus des Capitols Bollich, dieselbe zurück, mit folgendem lakonischen Schreiben: Die von Euer Hochedelgeboren an mich adressirte Abdrucke der Entstehungsgeschichte der hiesigen Universität sind nicht angenommen, sondern auff besonderen Befehl all solche Abdrucke abrucksenden soll, wesselbigen Auftrags dann mich andurch gehorsamst entledige[1]. Irgend einen Grund für solch ungewöhnliches Verfahren erachtete er nicht für passend beizufügen. Die Kölner Universität war ebenfalls eingeladen Deputirte zu der Inauguration zu schicken, hatte aber abgeschrieben; wegen des Semesteranfangs könne kein Lehrer nach Bonn entsandt werden. Und es blieb nicht bei diesem harmlosen Symptome einer wenig freundlichen Gesinnung gegen die neue Anstalt; es kam vielmehr so weit, dass 1789 der Erzbischof publicirte, er habe wegen der Halsstarrigkeit und des unanständigen gegen ihn bezeigten Betragens der stadtkölnischen Universität sich bewogen gefunden, denjenigen, welche nach Ablaufung des beendenden Schul-Curses a prima novembris anzufangen auf besagter stadtkölnischer Universität der Theologie, Jurisprudenz und Medicin sich widmeten und denen desfallsigen öffentlichen oder Privatvorlesungen beiwohnen werden, den Zutritt zu allen öffentlichen geistlichen und weltlichen Aemtern in den Kurkölnischen Landen zu versagen. Natürlich schärfte diese Verordnung den Gegensatz zwischen Köln und Bonn noch mehr; unter dem 20. Januar 1790 übersandte das Domcapitel dem Kurfürsten eine Klageschrift gegen mehrere Bonner Professoren, Hedderich, Deresor und van der Schüren; auch Spiegels bei Inauguration der Universität gehaltene Rede wurde hier wegen eines Satzes über Erzbischof Hermann von Wied angegriffen. Der Erzbischof forderte die Beklagten auf sich zu rechtfertigen; am 4. März übersandte ihm Spiegel ein Schreiben, das sein eigenes Verfahren rechtfertigte und dem die Vertheidigungsschreiben der drei beklagten Professoren beigefügt waren[2]. Von besonderem Interesse ist auch hier wieder Deresers Erklärung. „Die alte Religion", heisst es hier u. A., „muss freilich bleiben und beibehalten werden, aber wie ihre Feinde die Waffen ändern, so müssen es auch ihre Vertheidiger thun. Man hat dieses wohl tausendmal den Schultheologen vorgepredigt und doch bleiben sie, aller vernünftigen Vorstellungen ungeachtet bei ihrem alten finstern Wesen und fügen durch ihre falsche sogenannte Orthodoxie der wahren Religion den grössten Schaden zu. Dass dies Alles sich nicht vom Hochw. Domcapitel sagen lasse, versteht sich von selbst." Eingehend weist er vor Allem den Vorwurf zurück, dass er die H. Schrift durch seine Auslegung lächerlich gemacht haben sollte; er bittet das Domcapitel, seine Schriften zu lesen, ehe es dieselbe tadele und sich nicht durch Gerüchte bestimmen zu lassen, „die man geflissentlich in Köln ausstreut, um die hiesige Universität gehässig zu machen. Schriebe ich nichts, so würde man sagen, was thun die Theologen in Bonn mehr als die in Köln? Was nützt Eure Universität? Jetzt da ich schreibe und durch meine Schriften den Beifall des gelehr-

---

1) Dieses Schreiben wie die anderen diese Sache betreffenden Aktenstücke finden sich in den Akten der Inauguration.

2) Spiegels Schreiben nebst den Anlagen ist uns erhalten in dem auf der Bonner Universitätsbibliothek aufbewahrten Akten S. 92 d VI n. 18, gedruckt sind alle in Frage kommenden Aktenstücke in der Schrift: Klage des Domkapitels zu Köln gegen die Kurkölnische Universität zu Bonn. Von einem katholischen Priester zu Antwerpen 12, 97 S. Freiburg 1790. Dagegen erschienen: Vertraute Briefe über die Rechtfertigungen der 3 Professoren in Bonn. 1792.

ten Publikum erhalte, sucht man meine Orthodoxie in Vedacht zu ziehen und dichtet mir Meinungen an, die meiner ganzen Denkart zuwider sind". Er führt zum Belege des hier Gesagten die lange Reihe von protestantischen und katholischen Zeitschriften auf, die seinen Werken Beifall gezollt: eine Aufzählung, die allerdings deutlich das Interesse bekundet, welches der Bonner Professor in weiten Kreisen erregt. Er nennt von katholischen Zeitschriften die nova bibliotheca ecclesiastica Friburgensis, die Literatur des katholischen Deutschlands, die Mainzer Anzeigen von gelehrten Sachen, die Würzburger gelehrten Anzeigen und die Oberdeutsche allgemeine Literaturzeitung, von protestantischen die allgemeine deutsche Bibliothek, die Jenaer allgemeine Literaturzeitung, die Gothaer gelehrten Zeitungen, Posselts wissenschaftliches Magazin, die Stromata (eine Unterhaltungsschrift für Theologen), die Annalen der neuesten Literatur von Rinteln, endlich die Frankfurter gelehrten Anzeigen.

Es muss auffallen, dass in der hier zurückgewiesenen Klageschrift des Domcapitols nicht der Name eines Mannes genannt wird, der damals bereits seit längerer Zeit in Bonn thätig vor Allem Grund und Anlass zu mannigfachem Anstoss geboten hat, der Name von Eulogius Schneider[1]). Die wenig erfreuliche Episode in der Geschichte der Bonner Universität, die sich an seinen Namen knüpft, ist der einzige Punkt derselben, der häufig und mit einer gewissen Vorliebe geschildert ist; ich habe daher nur kurz an Bekanntes zu erinnern. Eulogius Schneider, 1756 in einem fränkischen Dorf des Bisthums Würzburg geboren, war 20 Jahre alt in den Franciskanerorden getreten; mehr und mehr bildete sich bei ihm eine heftige Abneigung gegen das Klosterleben aus; 1786 wurde er Hofprediger in Stuttgart, von hier aus 1789 durch Spiegels Bemühungen nach Bonn berufen.

Ihm wurde hier die Professur des Griechischen und der Belletristik übertragen; im Anfange fand er den grössten Beifall. Er war nicht ohne schriftstellerisches und rednerisches Talent, von entschiedener geistiger Gewandtheit, empfänglich und lebhaft, voll Streben und Feuer, aber leider im Grund seines Wesens leicht und flach, stark sinnlich erregt, ohne wahre geistige Tiefe, ohne echten sittlichen Ernst. Unvorsichtigkeiten und Taktlosigkeiten waren bei einer solchen Natur unvermeidlich: es konnte nicht ausbleiben, dass sein Reden und Thun bald mannigfachen Anstoss erregte. Im Anfang des Jahres 1790 erschien eine Sammlung seiner Gedichte; sie bezeugen auf das Klarste den eben geschilderten Charakter des Mannes; sie gaben seinen Feinden die willkommenste Unterstützung bei den Anklagen, welche sie gegen ihn erhoben. Man verbreitete, Schneider suche seinen Studenten böse Grundsätze gegen die Religion und die Sitten beizubringen; der Kurfürst sah sich bewogen

---

1) Wir besitzen über Schneider eine eigene Literatur. Die wichtigste Quelle für die Kenntniss des Mannes bilden seine Schriften; die während seiner Bonner Wirksamkeit verfassten sind unten zusammengestellt, betreff der übrigen verweise ich auf Heltz, notes sur la vie et les écrits d'Euloge Schneider. Strasburg 1862; in der Vorrede dieses Buches sind auch die Quellen über seine Lebensschicksale verzeichnet; von diesen ist für uns die wichtigste: E. S.'s Leben und Schicksale im Vaterlande. Frkf. 1790. In Deutschland hat man in neuerer Zeit sich mehrfach mit seinem Leben beschäftigt; specielle Aufsätze über ihn finden sich von H. Düntzer in den Rheinischen Provinzialblättern 1838, Bd. 4, 83 ff.; von L. Lersch in den Monatsblättern zur Ergänzung der Augsb. Allg. Zeitung 1845 Dec. u. 1846 Febr.; in den historisch-politischen Blättern Bd. 53, S. 109 ff.; von Rudolf Frank in der Didaskalia 1868, n. 168 ff.

XIX

zwei Kölner Geistliche, Dechant Marx und Marcellin Hoitmar zu beauftragen, Schneider wegen dieses Punktes zu verhören. Die Thatsachen, die man gegen den Professor angeführt, liessen sich nicht beweisen; mit Recht warf der Kurfürst den Examinatoren vor[1]), dass sie einen parteiischen Bericht geliefert, den das Protokoll des Verhörs selbst widerlege; aber andererseits erging auch gleichzeitig an den Curator die Weisung, Schneider zu mehr Bescheidenheit in seinem Schreiben, Reden und Betragen zu ermahnen[2]). Es war, wie bekannt, die Zeit, da gegenüber der französischen Revolution an der Mehrzahl der deutschen Höfe eine rückläufige Strömung zu beobachten, Joseph II. war gestorben, in Preussen herrschte das Ministerium Wöllner: auch auf den Kölner Kurfürsten übten diese Ereignisse ihren Einfluss; es war in solcher Lage für Schneider Vorsicht auf das Dringendste geboten. Aber sie zu üben liess er sich nicht bewegen; so trat in Folge eines zweiten von ihm 1790 herausgegebenen Buches, des berufenen Katechetischen Unterrichts, die seit lange vorauszusagende Krisis ein. Die Schrift war zuerst unter Gutheissung der erzbischöflichen Censur erschienen, wurde dann aber 1791 verboten; eine taktlose Erklärung, die Schneider über dies Verbot veröffentlichte, führte seinen Bruch mit dem Kurfürsten herbei. Er musste Bonn verlassen und ging nach Strassburg; dort starb er 1794 durch die Guillotine. Bedeutender als sein Verlust war für Bonn, dass bald ein anderer Bonner Professor ebenfalls Bonn mit Strassburg vertauschte, Dereser[3]); man hatte ihn als Freund Schneiders, als radicalsten Vertreter der Aufklärungs-Ideen in Bonn verdächtigt; „Klatschereien und Stadtgeschwätze", wie der Kurfürst schreibt, verleideten ihm den dortigen Aufenthalt, und Spiegel glaubte eben jetzt den vielfach angegriffenen Mann nicht halten zu sollen. Seinem Beispiele folgten zwei andere langjährige und bewährte Professoren der Universität, van der Schüren und Jochmaring; auch sie verliessen Bonn, und zwar ohne ihre Entlassung genommen zu haben, und gingen ebenfalls nach Frankreich[4]). Diese Verluste trafen hart die Anstalt, die eben bedeutender aufzublühen begann. Schon im J. 1787 war zu den bei Gründung der Universität vorhandenen Professoren[5]) ein Lehrer für Kameralwissenschaften, Scheibler, getreten, im J. 1789

---

1) In einem interessanten Schreiben vom 19. Mai 1790, das sich neben dem Protokoll des Verhörs und anderen damit in Verbindung stehenden Akten in dem Aktenfascikel: Professor Schneider (S. 92 g VIII) findet.

2) Auch dieses Schreiben findet sich in dem in voriger Anmerkung citirten Aktenfascikel.

3) Dass ihm ein in sehr anerkennenden Ausdrücken abgefasstes Entlassungsschreiben ausgestellt worden, theilt Dereser selbst mit in der Einleitung zu der seinen Freunden in Bonn gewidmeten Amtspredigt über religiöse und politische Toleranz. In einem Brief an Spiegel vom 11. Nov. 1791 schreibt der Kurfürst, er vermuthe, dass dieser selbst die Entfernung Deresers nicht ungern gesehen habe „und hierin kann ich Ihrer Meinung nichts als beipflichten; denn so fähig und geschickt der P. Thaddäus ist und so untadelhaften Lebenswandel er auch geführt hat, so war er jedoch öfters sehr impudent und hatte vorzüglich den damals so gemeinen und schädlichen Fehler des Eigendünkels und der Unlenksamkeit". S. die Akten in dem Fascikel: Das Lehrerwesen und einzelne Lehrer persönlich betreffende Sachen, Bonner Universitätsbibliothek S. 0; d VII.

4) S. die hierauf bezüglichen Schreiben des Kurfürsten, Spiegels und beider Professoren in dem in voriger Anmerkung citirten Aktenfascikel.

5) Es sind die uns von früher bekannten Namen; ihre Aufzählung s. bei Mouser. Niederrhein. Jahrbuch 1844. S. 99.

3

konnte eine neue Anatomie dem Gebrauch übergeben werden[1]), für 1790[2]) wurden drei neue Lehrer für Staatsrecht, für Geburtshilfe und für Mineralogie angestellt, J. L. Werner[3]), Wegeler[4]) und Arndts[5]). Aber mehr als all diese Erwerbungen die Universität gefördert, wurde sie durch die Vorgänge des J. 1791 geschädigt; die Frequenz der Anstalt sank in dem folgenden Jahr um ein Bedeutendes.

Unablässig war Spiegel bemüht, einen Ersatz für die erlittenen Verluste zu beschaffen. In erster Zeit half in der Philosophie für van der Schüren Schallmoyer aus; dann gelang es für dieses Fach in Johannes Neeb[6]) eine bedeutende Kraft zu gewinnen. Schon früher hatte van der Schüren in Bonn Kantsche Philosophie vorgetragen; von Neeb besitzen wir eine akademische Rede an seine Zuhörer über Kants Verdienste um das Interesse der philosophirenden Vernunft. „Die Athenienser", heisst es hier, „hatten dem unbekannten Gott einen Altar errichtet, der weder dem Gedankendinge ihrer Philosophie, noch dem Ungeheuer ihrer Priester glich. Paulus kam und predigte den unbekannten Gott; man hörte ihn. Dafür, dass Kant den unbekannten Gott predigt, dem todten unbeweglichen grausenvollen Ens Entium der Philosophen die Huldigung versagt, mag er immer ein Atheist gescholten werden; diesen Ruhm theilt er mit den ersten Christen. Dafür, dass er eine Tugend lehrt, die für das enge Herz des Eigennutzes zu erhaben ist, mag er für einen phantastischen Schwärmer gescholten werden: grosse Männer müssen Zwerggeistern immer so erscheinen. Die Kenner seiner Werke aber werden ihm die Achtung nicht versagen, die seinem Verdienste gebührt". Für die theologische Exegese trat an Deresers Stelle Odenkirchen, der „treueste und geliebteste" Freund des gleich zu erwähnenden Juristen Fischenich, welcher seinen Tod (Sept.

---

1) Ueber die wissenschaftlichen Anstalten ergibt sich auch aus den mir vorliegenden Akten nicht wesentlich mehr, als was Mouser a. a. O. 99 zusammengestellt. Der medicinische Theil der Bibliothek hatte 1779 einen sehr wesentlichen Zuwachs erhalten durch das Geschenk der Bibliothek des Kölner Professor Menn; ein Katalog der letzteren befindet sich in den Akten der Bonner Universitätsbibliothek S. 92 f. XI.

2) Lomberg schied damals aus, privatisirte seitdem in Köln, ward 1804 durch die Franzosen Professor des Staatsrechts in Aschaffenburg und starb in St. Blasien 21. Mai 1805. Meusel, Gelehrtes Teutschland V 19, 495.

3) Johann Ludwig Werner, geb. in Trier, verliess Bonn bald wieder, da ihn Kaiser Leopold zum Mitglied des Reichshofraths ernannte. Er starb 1829 in Steiermark. Rheinischer Antiquarius a. a. O. 76. Sein Nachfolger war Schmitz.

4) Franz Gerhard Wegeler, geb. in Bonn den 22. August 1765, gest. in Koblenz den 7. Mai 1848, studirte Medicin in Bonn unter Rougemont, 1787—89 in Wien, wo er am 1. Sept. 1789 promovirte. Heimgekehrt zum Professor ernannt widmete er sich nach Auflösung der Universität ganz dem Berufe des praktischen Arztes, entfaltete später bis zu seinem Tode unter preussischer Regierung eine einflussreiche Thätigkeit als Regierungs-Medicinalrath in Koblenz, seit 1825 als Director der rheinischen Ober-Examinationscommission. S. die Vorrede seiner Schrift: Nachrichten über Beethoven, Koblenz 1838; Berliner Medicinische Zeitung 1848 n. 24; Nekrolog der Deutschen XXVI 1, 358.

5) Anton Wilhelm Stephan Arndts, geb. zu Arnsberg den 1. Nov. 1765, studirte seit 1782 zu Bonn Jurisprudenz, 1785—88 auf Spiegels Anrathen in Göttingen Berg- und Hüttenkunde. Vgl. Seiberts a. a. O. I 402. Z. 264.

6) Johannes Neeb, geb. in Steinheim am 1. Sept. 1767, studirte in Mainz, wurde dann Lehrer am Gymnasium in Aschaffenburg und von hier aus nach Bonn berufen. Nach Auflösung unserer Universität wurde er Professor der Philosophie an der Centralschule zu Mainz; als Napoleon diese in ein Lyceum verwandelte, verlor er allein unter seinen Collegen seine Professur; er pachtete sich in Niederswalheim bei Mainz zwei Güter, von denen er das eine später käuflich erwarb, wurde Bürgermeister des Ortes, später mehrfach Vertreter des Kreises Wöllstein in der darmstädtischen Kammer. Er starb 13. Juni 1843. Vgl. Neebs hinterlassene Schriften, Mainz 1846, Einleitung; Scriba, Lexicon der Schriftsteller des Grossherzth. Hessen I 282 ff. u. II 518 f.; Nekrolog der Deutschen XXI 1, 577.

1810) als einen grossen unersetzlichen Verlust bezeichnete. „Es war, schreibt er damals[1]), eine kindlich reine Seele, vom echten Geist der Wissenschaft beseelt. Sich immer gleich ertrug er die Stürme der Zeit, die ihn seinem eigentlichen Beruf entzogen. Aber er feierte darum nicht, er lehrte, rieth, half und förderte, wo sich eine Gelegenheit darbot, wohlwissend, dass der geringste Keim in der grossen Saat der Zeit nicht verloren geht. Sein ganzes Wesen war stilles bescheidenes Wirken". Eben der Schreiber dieses Briefes, eben Bartholomäus Ludwig Fischenich und neben ihm Reiner Stupp, beide Schüler von Daniels, wurden als Professoren in der juristischen Facultät angestellt; Stupp las juristische Encyclopädie und Rechtsgeschichte, Fischenich Natur- und Völkerrecht. Letzterer[2]) war nach Vollendung seiner Studien in Bonn von dem Kurfürsten zu seiner weiteren Ausbildung nach Jena gesandt, um dort vor Allem bei Hufeland zu hören: er trat hier in die engsten Beziehungen zu Schiller und seiner Frau, die aufrecht erhalten wurden, auch nachdem Fischenich die Professur in Bonn übernommen; Frau von Schiller nennt ihn in ihren Briefen „ihren ältesten Sohn". Er war vor Allem ein vorzüglicher Lehrer; fähig und liebenswürdig, erfüllt von jugendlichem[3]) Feuer, ausgestattet mit ungewöhnlichem rednerischem Talent fesselte er die Studenten in höchstem Grade[4]).

Die Vertretung der Kameralwissenschaften übernahm nach Scheiblers Tode Trunck, soweit sich aus den von ihnen veröffentlichten Lehrplänen schliessen lässt, von ähnlicher Richtung wie sein Vorgänger, ein entschiedener Merkantilist. Was endlich die Naturwissenschaften angeht, so wurde die Physik an Jochmarings Stelle jetzt von Zulehner gelehrt, für Chemie in der medicinischen Facultät[5]) Wurzer[6]) angestellt, der in Heidelberg, Göttingen, Würzburg und Wien Medicin studirt, 1789 sich in Bonn als praktischer Arzt niedergelassen hatte. Er hatte einen nicht geringen Erfolg; im Sommersemester 1794 zählte er 70 Zuhörer.

Allein in eben diesem Semester begannen auch noch entschiedener, als es schon in den letzten Jahren der Fall gewesen, die Kriegsunruhen die wissenschaftlichen Arbeiten in Bonn

---

1) In einem Brief vom 16. Sept. 1810 an Charlotte von Schiller. Urlichs, Charlotte von Schiller und ihre Freunde 3, 125.

2) S. über ihn kurze Nekrologe in der Kölnischen Zeitung und der Preussischen Staatszeitung vom Juni 1831. Nekrolog der Deutschen IX 1, 409, vor Allem die ansprechende Schrift von Hennes, Andenken an Fischenich 12, 171 S. Stuttgart und Tübingen 1841, in welcher mehrere Briefe Schillers und seiner Frau an F. mitgetheilt werden. Briefe Fischenichs an Frau von Schiller finden sich bei Urlichs, Charlotte von Schiller und ihre Freunde 3, 98—129, ein Brief von ihr an ihn ebendas. 1, 410. Der handschriftliche Nachlass F.'s ist im Besitze von H. Franz Gerhards in Bonn, der mir dessen Einsicht gütigst verstattete; eine ausserordentliche Fülle von Excerpten aus juristischen, politischen, philosophischen Werken zeigt die seltene Belesenheit des Mannes. Interessant ist der in dem Bonner Stadtarchiv befindliche Entwurf einer Rede, die F. 1815 bei Gelegenheit des Huldigungsfestes in Aachen gehalten. Endlich besitzt H. Kammergerichtspräsident Lamberts in Bonn ein von seinem Vater nach Verträgen F.'s nachgeschriebenes Collegienheft und ein durchschossenes Exemplar von Hufelands Naturrecht, in welches F. Bemerkungen eingetragen.

3) Er war geb. 2. August 1768 zu Bonn, er starb als Staatsrath und Geheimer Ober-Revisionsrath am rheinischen Revisions- und Cassationshof zu Berlin am 4. Juni 1831.

4) S. Urlichs a. a. O. 102.

5) Diese verlor 1793 durch den Tod Kauhlen.

6) S. die bei dem Verzeichniss seiner Schriften angeführten Werke, vor Allem den auf eigenhändige Nachrichten basirten Artikel in Strieders Hessischer Gelehrtengeschichte 17, 311.

XXII

zu stören; das Kurfürstenthum Köln kam jetzt zuerst in unmittelbare Berührung mit der französischen Republik; schon am 12. August schreibt Fischenich[1]): „Die meisten Studenten sind bereits von hier gewandert und dies hat viele Professoren veranlasst ihre Vorlesungen zu endigen. Ich fahre noch immer fort, obgleich die Zahl meiner Zuhörer in einem Collegium auf 16, in dem andern 12 vermindert ist". Die Bibliothek, das physicalische und Naturalienkabinet wurden geflüchtet; die Professoren liessen sich ihren Gehalt für ein Quartal voraus bezahlen, es entstand dadurch das Gerücht, die Universität solle aufgehoben werden. In den ersten Tagen des Oktober verliess der Kurfürst Bonn; von den Professoren ging u. A. Rougemont nach Hildesheim, Neeb nach Miltenberg, Wegeler nach Wien. Noch im Oktober rückten die Franzosen in Bonn ein. In dem ersten Jahre der Occupation war an Lesen nicht zu denken; später kehrten einige Professoren zurück; so machte man dann 1795 den Versuch, die Vorlesungen wieder aufzunehmen. Aber es war nur ein Scheinleben, das die Universität in den folgenden Jahren führte; 1797 erfolgte die definitive Aufhebung. Im December traten die Professoren Moll, Schmitz, Wurzer, Spitz, Odenkirchen, Schallmeyer, Fischenich, Gynetti, Wegeler und Rougemont zu der letzten Universitätssitzung zusammen. „Da sich vorhersehen lässt, heisst es in dem von ihnen unterzeichneten Aktenstück[2]), dass die bei der hiesigen Universität angestellt gewesenen Professoren ihr Lehramt nicht weiter fortsetzen können, weil sie Bedenken gefunden haben, den ihnen abgeforderten Eid der Treue an die französische Republik unbedingt und ohne Einschränkung auszuschwören, so hat Professor Breuer alle zu seinem Empfang gehörige Nachrichten bei der heutigen Universitätssitzung zur Registratur deponirt.

Von den hervorragenden Persönlichkeiten unserer Hochschule ist wie bekannt der Kurfürst 27. Juli 1801, Spiegel 6. August 1815 gestorben. Rougemont und Gynetti wurden praktische Aerzte in Köln, Wurzer Professor in Marburg; Daniels, Fischenich und Wegeler haben im preussischem Staatsdienst eine einflussreiche Stellung eingenommen. Hedderich wirkte eine Zeitlang als Pfarrvicar in Honnef, kam dann als Lehrer nach Düsseldorf und starb hier am 20. August 1808[3]).

So hat die Bonner Universität ein frühes Ende gefunden; wer ihre Bedeutung würdigen will, darf es nicht vergessen, von wie kurzem Bestand sie gewesen. Ihr Wirken ist trotzdem nicht ohne Frucht geblieben; einer der ersten Kenner westfälischer Verhältnisse, Seibertz[4]), bezeugt es, dass Westfalen vielleicht ihr verhältnissmässig mehr Schriftsteller, besonders in juristischer Hinsicht verdankt, als allen früher besuchten Universitäten, dass sie „während der kurzen Zeit ihrer Existenz in dem ausgesuchten Kreise gelehrter Männer, der ihr lebte, eine solche Menge hoffnungsvoller Schriftstellerblüthen entfaltete, wie wir früher nicht gekannt hatten". Und noch entschiedener spricht sich 1817 zu ihren Gunsten ein angesehener preussischer Beamter aus, der damalige Oberlandesgerichtspräsident Sethe. „Die Universität Köln, sagt er[5]), stand

---

1) Urlichs a. a. O. 3, 107.
2) Mitgetheilt von Meuser a, a. O. S. 174.
3) S. Westfälischer Anzeiger Bd. 21, S. 1395.
4) Westfälische Beiträge zur deutschen Geschichte 2. 461.
5) In einem Gutachten an Altenstein. Aus den Setheschen Akten, welche Bürgermeister Bleek in Sobernheim gütigst der hiesigen Universität mitgetheilt.

auf der tiefsten Stufe der Mittelmässigkeit oder vielmehr einer gänzlichen Nullität, während die Universität zu Bonn in einem kurzen Zeitraum herrlich aufblühte und gewiss bei längerem Fortbestehen unter den Auspicien einer liberalen Regierung in den Rang der ersten Universitäten Deutschlands eingetreten sein würde. Köln würde gar keine Studenten gehabt haben, wenn nicht verschiedene Fundationen für Studirende dort vorhanden gewesen wären und wenn nicht die Theologen dort ihre Examina hätten passiren müssen, was ihnen sehr erschwert wurde, wenn sie auf einer anderen Universität und namentlich zu Bonn studirt hatten, weil die Bonner Universität von den Kölnern mit scheelsüchtigen Augen angesehen und der Heterodoxie verdächtig gehalten worden".

In der That so offen die mancherlei Schwächen der Bonner Universität zu Tage liegen: dennoch bezeichnet ihre Gründung in der Geschichte der rheinischen Bildungsanstalten einen erheblichen Fortschritt; es ist ungerechtfertigt, mit dem kurzen Worte über sie abzuurtheilen, dass sie die Wirkungsstätte von Eulogius Schneider gewesen. Auch die Gegner der hier vor Allem vertretenen wissenschaftlichen und kirchlichen Tendenzen rühmen die Bedeutung der juristischen und medicinischen Professoren, die hier gewirkt, und wohl mag es unvergessen bleiben, dass hier in verhältnissmässig früher Zeit auf einem damals wenig empfänglichen Boden Kantsche Philosophie gelehrt worden. Allerdings wesentlich ist die Universität gegründet und geleitet worden im Sinne der Aufklärung: ein flacher, ja platter Rationalismus tritt uns häufig auch bei ihren hervorragenden Persönlichkeiten wenig erfreulich entgegen, neben doctrinärer Unterschätzung der Macht der bestehenden Verhältnisse, wie der gegnerischen Kräfte, mit denen es zu kämpfen galt, ein bedenklicher Mangel an eigenem positiven Gestaltungsvermögen. Wie auf politischem Gebiet deckte auch hier die Reformbewegung des 18. Jahrhunderts mehr die Schäden des bestehenden Zustandes auf, als dass es ihr gelungen, selbst ein besseres Neues an die Stelle zu setzen.

Oft ist den Klagen über das Elend deutscher Zerrissenheit gegenüber auf den Nutzen hingewiesen, welchen die geistigen Interessen unseres Volkes eben aus diesem Verhältnisse gezogen, oft in beredten Worten der Gewinn gepriesen, welchen die Kleinstaaterei unserer Bildung gebracht. Wer mit unbefangenem Auge die Geschichte der Rheinlande betrachtet, kann hier zu gleichem Urtheil nicht gelangen. Erst die Vereinigung dieser Lande mit Preussen gab ihren Bewohnern das Beste, was um mit Niebuhrs Worten zu reden „das Schicksal zur Ausrüstung des Mannes zu verleihen vermag. Denn nicht nur in der Knechtschaft ist die Hälfte des Mannes geraubt; ohne Staat und unmittelbares Vaterland gilt auch der Beste wenig, durch sie auch der Einfältige viel". Der Segen der Theilnahme an einem wirklichen Staatsleben hat den Rheinländern sich nicht bloss auf materiellem Gebiet offenbart: nicht weniger als ihr Wohlstand und Reichthum ist in dem letzten halben Jahrhundert ihre Bildung gestiegen. Die neue Bonner Universität, deren Stiftungsfeier wir in diesen Tagen begehen, darf sich rühmen, vor Allem dieses Wachsthum befördert, in diesem Werke ihre beste Kraft bethätigt zu haben: möge sie in aller kommenden Zeit, die ihrem Wirken beschieden, sich stets treu dem Geiste erweisen, in welchem sie gegründet worden, eine Pflanzstätte echter deutscher Wissenschaft reichen Segen bringen fort und fort den Rheinlanden und dem gesammten deutschen Vaterlande.

1. Bericht des Grossherzogs Leopold von Toscana über seinen Bruder, Erzherzog Maximilian, 1775*).

Mon frère Maximilien a le tempérament fort heureux et la santé des plus robustes. J'ai éprouvé a lui faire des fatigues à pied, des promenades de 7 et 8 heures tant à pied qu'à cheval, des petits voyages de 16 et 18 heures tant qu'il en ait été aucunement incommodé, il aime même à faire de longues et fatiguantes promenades. Il est indifférent sur la qualité du manger et aime à coucher sur la dure, aucunement douillet ni délicat sur ce point. Il n'y a quelles chaleurs qui l'abattent et il se prive difficilement du manger et du sommeil qui lui est tout fort nécessaire. Sa vue, quoique pas des plus fortes, est très-bonne. Il aime beaucoup à jouer a la Paume, à danser et quoiqu'il s'y échauffe beaucoup, cela ne l'incommode aucunement; il aime même les mouvemens violens. Quant à son caractère, il est d'un naturel doux et même indolent, fort vrai dans tout ce qu'il dit, honnête de caractère et droit. Jamais on ne voit en lui l'ombre du mensonge ni pour se vanter, se louer, ni s'excuser, avouant sincèrement les choses telles qu'elles sont quand on les lui demande, aucunement porté à la colère. Jamais je ne l'ai vu ni s'impatienter, ni seulement s'échauffer dans le discours. Il a beaucoup de sang froid et est extrêmement maître de soi-même. Il a infiniment de talent et d'esprit naturel et beaucoup plus quil n'en témoigne, mais peu lui est resté des connaissances qu'il a prises dans ses études. Il a une mémoire rare, dans son éspèce excellente et des plus heureuses; il lui suffit d'avoir vu quelqu'un une fois ou entendu quelque chose pour qu'il s' en souvienne même bien du tems après avec tous les détails, quoiqu'il y aura paru qu'il n'y prenne pas garde. Il aime à approfondir toutes les choses et à les savoir dans le plus grand détail; il a infiniment de finesse dans l'esprit, surtout il a le coup d'oeil juste et un excellent discernement pour apercevoir dès le premier moment les choses et les discours et affaires même les plus compliquées dans leur vrai point de vue et d'en connaître toutes les secondes fins; il a surtout un coup d'oeil admirable pour approfondir, connaître et juger du caractère et des qualités des personnes qu'il voit même sans les

---

*) Die nachfolgende Charakteristik des Erzherzogs Max ward von Leopold auf die Aufforderung Josephs II. für diesen abgefasst. Am 6. Oktober 1775 schrieb der Kaiser an Leopold: Oserais-je vous prier de me dire en ami et sincèrement ce que vous pensez, après la connaissance plus intime que vous avez prise de mon frère, de ses goûts et talents. Je vous promets de n'en faire aucun usage et que cela servira uniquement pour ma direction (Arneth, Maria Theresia und Joseph II Bd. 2 n. 725 p. 66.) Auf diese Stelle aufmerksam geworden ersuchte ich den Vorstand des hiesigen Vereins von Alterthumsfreunden in Wien anzufragen, ob etwa der Antwortsbrief Leopolds auf dieses Schreiben Josephs noch erhalten, weraufhin dem genannten Vorstande eine Abschrift des nachfolgenden Berichtes übersandt wurde.

beaucoup fréquenter et j'en ai vu des preuves très-fortes; il raisonne très-bien avec beaucoup de justesse d'esprit et de très-bonnes et sages réflexions et rend compte, on ne peut pax mieux, des choses et des personnes qu'il a vues en voyage, faisant des reflexions supérieures à son age en raison et solidité sur les défauts qu'il a observés sur leurs caractères qui sont d'autant plus étonnantes qu'il n'a vu les choses qu'en courant et qu'il les fait sans la moindre ostentation ou amour propre. Il n'a plus la moindre disposition au jeu hors à celui des échecs qu'il aime beaucoup. D'ailleurs il n'a pas témoigné la moindre inclination pour les femmes, affectant même d'en parler et de tous ceux qui les fréquentent avec mépris; je ne sais pas si cela vient faute de tempérament ou par dissimulation, crainte ou enfin parcequ'il ne sait pas encore comment s'y prendre. D'ailleurs il est, on ne peut pas mieux, informé sur toutes les matières, il n'en parle jamais, mais parait, se nulli, avec plaisir de la conversation, lorsque par hazard d'autres en parlent, affecte volontiers de comprendre toutes les équivoques dans cette matière, lorsque l'occasion s'en présente, mais par ce qu'il dit lui-même on connait que certainement il ne les sait que par théorie et qu'il n'a aucune pratique dans cette matière. Je crois que le tempérament chez lui sera tardif, mais très-fort, mais qu'il sera plus aisé à tomber dans une passion de coeur que dans de la vilaine débauche. Il a infiniment de finesse d'esprit et sait être fort agréable en société; néanmoins il ne l'aime pas; les seules choses qui lui font plaisir, c'est la danse, le courir à cheval, mais pas du tout la chasse; il aime à courir vite les chevaux à fouets et autres choses semblables, aime beaucoup à mener en Birotsch et mène fort bien. Pour danser il danse très-bien et parait aimer à danser devant le monde puisqu'il brille de ce coté-là et il en sait. Il aime beaucoup à faire de longues promenades à pied et surtout tout ce qui est extraordinaire lui fait beaucoup de plaisir. Il aime à faire une partie d'échecs, mais il n'aime pas la société, surtout où il est dans le cas de faire ou d'entendre des discours sérieux. Il n'aime aucunement à être gêné et est capable de passer toute la journée dans sa chambre sans rien faire. Pour la musique il joue du violon et aime d'en jouer avec des musiciens ordinaires et non fameux avec lesquels il peut être à son aise. Il n'aime point du tout tout ce qui est représentation, étiquette, gêne ni compliment, n'a pas la moindre vanité sur sa figure ni envie de plaire, n'aimant point du tout à s'habiller ni se faire friser, raser, et il n'aime point du tout la lecture ni l'application ni le discours sérieux; il les fuit et évite tant qu'il peut, et on lui connait dabord l'ennui sur le visage. Il lui faut continuellement de la variété et il n'est pas facile à amuser, car ce qui même lui fait de plaisir, après peu de tems l'ennuie et il est constamment et très-fort occupé de ce que l'on fera pour passer le reste de la journée, beaucoup plus que des divertissemens présents. Je crois son caractère très-peu sensible et susceptible d'ambition de gloire et d'un certain feu et ressort nécessaire pour les grandes choses; il est ou témoigne au moins d'être entièrement indifférent à tout; rien ne l'émeut ni inquiète ou anime; il témoigne la plus grande indifférence à s'amuser ou s'ennuyer, à rester seul ou aller en compagnie, à rester dans un endroit ou s'en aller, par exemple à retourner à Vienne ou à continuer son voyage, à le changer, l'allonger ou le raccourrir, rester plus dans un endroit que dans un autre, préférer un amusement, un domestique à un autre. Il témoigne pour tout cela et même pour sa destinée et sa situation à l'avenir la même tranquille indifférence faisant indifféremment tout ce qu'on lui dit tant étranger de visage. Quelques fois pour l'éprouver dans des choses indifférentes d'amusement, promenades etc. où il ne voudrait point se décider, j'ai affecté de proposer exprès les choses que je savais pourvues qu'elles l'ennuiaient; il les a faites avec le même visage comme si elles lui faisaient plaisir et ce n'est qu'ensuite qu'on s'aperçoit qu'elles l'ennuient, mais jamais il ne s'avoue; il affecte singulièrement une entière et totale indifférence pour toutes les choses et pour toutes les personnes, au point que jamais dans les plus petites choses même j'ai pu savoir de lui ce qui pourrait lui faire plaisir, pas même d'un plat qui lui plaît plus qu'un autre, de l'heure à laquelle on sortira, ira diner etc. et d'autres choses les plus indifférentes. Et ce point chez lui est poussé si loin que s'il s'apercevait qu'on fait quelque chose, croyant de lui avoir fait plaisir ou de l'avoir deviné, il se met de mauvaise humeur et est capable de s'en priver volontairement pour que seulement on ne s'aperçoive pas que cela lui fait plaisir. Son caractère d'ailleurs est des plus fins et d'une réserve extraordinaire et au delà de toute expression il se fonde beaucoup sur celle-là et n'a de confiance en personne, surtout dans tout ce qui le regarde, pas même dans les plus petites choses et n'en aura jamais pour personne. J'ai fait tout mon possible pour l'approfondir sur ce point; il m'a témoigné toute l'amitié possible, mais jamais la moindre confiance, surtout dans tout ce qui le regarde; il n'en a pas la moindre dans aucun de ses gens et ceux qui l'environnent. Il est content, est fort bon maitre, les laisse faire tout ce qu'ils veuillent, ne les contredit ni ne les gronde jamais, mais il les perdrait tous dès aujourd'hui avec la même indifférence et sans le moindre regret. Il n'est pas homme à s'attacher beaucoup ou à se lier d'amitié avec personne et il avoue lui-même qu'il s'aime infiniment trop soi-même pour cela. Le terrible sangfroid qu'il a en toutes les occasions sans jamais sortir de son assiette ni se déranger ou en se fâchant, s'égayant ou parlant beaucoup m'a extrêmement étonné. Il est inébranlable et toujours maître entièrement de soi-même, pas la moindre vivacité; il est maitre de son visage, de ses gestes et de ses paroles, parlant toujours fort peu et ce qu'il dit étant très-bien, il ne s'échappe jamais en paroles de façon à faire connaitre ce qu'il pense; j'avoue, tout cela m'a étonné à son âge. Il est d'ailleurs extrêmement méfiant, il a mauvaise opinion des hommes, il se défie non seulement des autres et je puis dire de tout le monde, mais même de soi-même, craignant toujours de se donner à connaitre, de s'égayer trop et de s'échapper en paroles. Dès qu'il voit que deux personnes parlent ensemble, il tâche de savoir de quoi l'on parle et craint qu'on ne parle de lui et pourvu qu'on lui tienne des discours sérieux ou sur sa situation future ou sa destination, son goût pour le militaire, il entre d'abord en défiance, croit qu'on veut le sonder, change de discours et ne répond plus ou s'en va. Surtout de tous ceux desquels il craint qu'ils puissent avoir quelque commission de Vienne, même parmi les gens, d'écrire ou de rapporter sa conduite il s'en méfie infiniment, ne le leur donne pas à connaitre, mais ne leur tient que les discours les plus indifférens et les évite en toutes les occasions et pourvu qu'il lui paraisse qu'on veuille y aller avec lui avec finesse. Il soupçonne tout de suite et croit qu'on veut ou le tromper ou le faire parler: pour moi à qui souvent vous avez donné des commissions de le sonder sur différens points, j'ay tâché de faire de mon mieux, je lui ai dit sans finesse ni mystère ma commission et malgré cela il n'y a jamais eu moyen qu'il entre avec moi en matière sur ces points ou me donne à connaitre comment il pense. Et voilà pourquoi voyant qu'après avoir éprouvé à plusieures reprises qu'il n'y avait rien à faire et qu'il évitait ces discours, je n'ai point voulu lui donner plus de soupçons et je ne lui ai plus parlé et n'ai par conséquent jamais pu exécuter vos commissions sur ce point. Il n'y a rien à faire avec lui; son parti et son système sont trop bien pris et cela s'entend des plus grandes choses comme des plus petites. Il est fort indolent, nonchalant et paresseux même d'esprit, car il se défie extrêmement de sa capacité et talents et il n'entreprend pas bien des choses et des raisonnemens, desquels il serait très-capable pour ne pas s'en donner la peine et il aime mieux se persuader qu'il n'y réussirait pas, à passer même dans le public pour avoir moins de talent que de se donner de la peine pour y réussir dans ce point. Il a trop peu d'ambition et il paraît qu'il préfère sa tranquillité à tout ce qu'on pourrait dire de lui, étant indifférent aux louanges et applaudissemens du public, lorsqu'ils lui causent de la gêne pour les obtenir. Il aime pourtant à passer pour fort adroit, bon cavalier, bon danseur et à être loué dans ces exercices. Il n'a que peu ou point d'application, il fuit autant que possible tout ce qui est travail de tête et lui doit coûter de la peine, il n'aime point et craint même la lecture, les papiers, l'écrire et les études, et sur la lecture il n'y a pas eu moyen de le persuader. Il n'aime pas même les livres agréables ni amusans, quoiqu'il ait une mémoire excellente et je ne lui ai vu lire que des gazettes et livres de comédie. Le point est un de ceux qui lui coûtera le plus à vaincre. Il aime à se lever tard et à passer la matinée à se promener par la chambre sans rien faire et sans s'habiller que fort tard et en se promenant il aimerait alors de s'entretenir avec les gens et de se faire conter des historiettes et nouvelles de ville. Il aime à dîner à bonne heure et avec peu de monde, l'après-dîner à faire une longue promenade, le soir une partie des échecs ou de la musique et à se coucher vers neuf heures ou dix au plus tard, n'aimant point le spectacle ni la conversation; il aimerait d'entrer en conversation avec des gens bas, domestiques etc. qui ne lui donnent point de suggestion qu'il craint infiniment, et voilà pourquoi il n'aime point les conversations sérieuses, surtout où il a des gens qui ont plus de talent et de savoir que lui, puisqu'il y est en suggestion; il les craint, prévoit de ne pas y briller et de n'y faire qu'une figure secondaire et alors il les évite de même que les discours sérieux et raisonables, et s'il ne peut pas les éviter, on lui voit l'ennui sur le visage au point même de s'y endormir. Il est d'ailleurs extrêmement poli et prévenant envers tout le monde sans affectation. Il se fait aimer par son attention, les manières obligeantes et la douceur et docilité de son caractère, qui sont extrêmes; il n'a aussi témoigné au moins jamais ni volonté ni désir et il se prête et fait avec la meilleure grâce du monde tout ce que les autres lui disent, lui conseillent de faire ou semblent seulement de souhaiter; il sait même prévenir leurs souhaits par son attention à obliger, mais il faut l'avertir de tout, car rarement il fait quelque chose par lui-même; mais pourvu qu'on lui fasse un signe, il le fait tout de suite et vous en est même obligé pourvu qu'on ne prenne pas avec lui l'air de précepteurs ou de vouloir le diriger, car c'est ce qu'il ne peut pas souffrir, et alors il se met de mauvaise humeur et est même capable de dire quelque chose de piquant surtout devant le monde, car il craint extrêmement de passer devant le public pour un jeune homme, qui ne sache pas encore se conduire soi-même, et c'est par là, à ce que je crois, que Wilzeck et Herzan ont manqué et que pour cela il les a toujours craints et n'a jamais eu de confiance en eux. Mais en le prenant de bonne façon, avec deux mots, un signe on lui fait faire tout ce qu'on veut, puisqu'il n'est aucunement entêté de sa propre opinion et que volontiers il soumet son jugement à celui des autres et change d'opinion par la trop grande défiance qu'il a de soi-même, de ses lumières et de ses talens, ce qui fait voir qu'il réfléchit beaucoup. C'est qu'il est souvent des heures entières seul dans sa chambre à se promener tout doucement sans rien faire à penser, et on voit qu'il est entièrement absorbé dans ses idées, mais il n'y a pas moyen de savoir ce qu'il pense alors; car dès qu'il s' aperçoit qu'on l'observe, il se met à discourir de choses indifférentes. Je lui crois la pénétration très-prompte et fine au delà de ce qu'il ne paraît. Jl n'est point du tout rapporteur ni tracassier; il les déteste et n'en est point capable. Jl est extrêmement flatté, lorsqu'on lui témoigne de la confiance et qu'on lui parle à cœur ouvert, cela le flatte beaucoup. Jl aime pourtant à entendre de ses gens, domestiques etc. des petites historiettes de ville qu'il raconte ensuite et qu'on peut savoir bien d'où elles viennent, aime beaucoup à questionner toutes les personnes et à s'informer de toutes les choses dans le plus grand détail, et s'en ressouvient à merveille. Jl n'est point sensible à la flatterie ni aux louanges outrés qu'on lui donne, il aime pourtant et est flatté, lorsque les gens qui passent pour raisonables, le louent ou lui témoignent de la confiance; on voit qu'il souhaiterait avec ardeur d'avoir les connaissances qui lui manquent pour pouvoir briller dans les discours, mais il est trop paresseux et indolent pour se donner la peine nécessaire pour se former par l'étude et la lecture des livres. Lorsqu'on lui confie quelque chose de sérieux, il est flatté de la confiance qu'on lui témoigne, mais quelque chose qu'on lui confie, on peut compter qu'il est secret et qu'il n'est pas capable de faire seulement semblant de le savoir. Sur ce point je réponds de lui, il est de peu de paroles et souvent j'ai vu que l'on discourait de quelque matière dont il etait très-bien informé, et pourtant il n'a pas pris la parole qu'après tous les autres et lorsqu'on le contredisait. Jl a pris le parti de céder plutôt que de soutenir son raisonnement. Jl est très-fort porté à dire et à faire des plaisanteries, des jeux de mots, des plaisanteries souvent fort plattes et triviales à tourmenter et badiner les gens, relever leurs défauts, leur ridicule, les persiffler, leur donner occasion de se faire moquer d'eux et relever leur ridicule devant le monde. Néanmoins pour peu qu'on l'avertisse sur ce point, il no continue point entre autres. Jl aime beaucoup à contrefaire les autres dans grimaces, figures, ridicules, et il y réussit très-bien, mais cette qualité est dangereuse, et je suis sûr qu'il le verra par lui même et se corrigera sur ce point. Pour ce qui est de la sensibilité du cœur, je dois avouer que je ne le crois pas fort sensible d'aucune façon, il est assez indifférent, surtout s'aime beaucoup soi-même et pour le reste, je crois qu'il prend le tems comme il vient. Jl a fait des remarques fort judicieuses sur les pays où il a été, il ne s'est plu qu'aux Pays-Bas, parcequ'il y a été fort fêté et a pu faire tout ce qu'il voulait. Jci il ne s'est pas déplu, mais Naples, Paris et Rome et surtout cette dernière ville, ennuie il y a été beaucoup soqué [sic!], lui a déplu beaucoup. D'ailleurs je ne lui ai jamais vu ni goût décidé ni caprice pour rien, mais une grande indifférence à tout et même à l'approbation du public qu'il paraît mépriser ou par nonchalance ou par philosophie. Jl ne fait la conversation aux femmes que lorsqu'il n'en trouve pas d'autre et qu'il ne peut pas s'en dispenser; il ne la cherche jamais, mais en cela je crois qu'il y a de l'affectation et que ce n'est que parcequ'il craint d'être observé et qu'il ne sait point comment s'y prendre, car il les regarde beaucoup surtout lorsqu'on ne l'observe point, et quand elles sont de la classe inférieure comme servantes filles etc. Dans ce quil raconte il est vrai, exacte, sincère et fort prudent, pas du tout médisant.

Dans les gens il ne tient pas d' ordre puisqu'il les laisse faire tout ce qu'ils veuillent, il témoigne la plus grande indifférence d'être bien ou mal servi, il n'a pas d'idée de hauteur ou de fierté. S'il a des préventions sur Vienne, je ne le sais point, sur ce point il serait inutile de faire quelconque tentative pour le sonder; il est trop réservé et sait trop bien se défendre par conséquent; je ne puis rien dire sur ce point. Quant au sexe j'ai déjà dit plus haut que je le crois bien très-fermement innocent, qu'il témoigne de ne pas s'en soucier, que moi je le crois dissimulation, qu'il aura du tempérament et que sur ce point il sera bon de prendre garde et enfin je crois sa dissimulation de caractère, de défiance de ses propres talents et capacités, de défiance des autres, de crainte d'être attrapé et d'envie de plaire et de réussir.

Après vous avoir dit jusqu'à présent ce que je crois et que je sais de son caractère, et vous avoir prié de considérer ce papier comme une gazette faite par votre ordre dans laquelle j'ai dit ce que je pense et puis bien m'être trompé, je vous supplie de la garder uniquement pour vous et de ne la montrer à personne ni me compromettre avec mon frère, car je ne l'ai fait que pour vous obéir et pour le bien de mon frère, de l'état et du service qui sont certainement mes seuls buts; je crois de mon devoir, comme je vois que vous pensez à former une maison à mon frère, de vous dire ce que je sais de ses intentions sur ce point et ce que je sais des personnes qui présentement voyagent et ont été avec lui. D'abord mon frère désirerait d'avoir une maison s'il était possible entièrement à part, sous un grand maître qui devrait être un homme comme il faut, capable de le diriger et de le conseiller, de loger avec lui à la cour, de l'accompagner dans les sociétés, compagnies etc. Car certainement mon frère en a besoin et il a besoin de conseil et de direction, son caractère n'étant point encore consolidé et nous sommes dans l'âge le plus dangereux pour les passions, et si on commence mal tout va mal ensuite. J'ai vu qu'on pense à Hardegg; c'est un bon homme mais rien de plus; je ne sais pas s'il n'est pas trop faible pour cela. Mon frère le prendra volontiers et préférera toujours tous ceux qui sont faibles et auxquels il sent qu'il est supérieur en talent et en finesse d'esprit. Lui-même accidentellement me l'a fait sentir en parlant de Hardegg qui d'ailleurs certainement est un honnête homme. Il lui faudra 4 Chambellans, jeunes gens en état de le suivre et accompagner partout, chasses, promenades, et ce qui ne sera pas aisé à trouver, mon frère, je crois, aurait souhaité de pouvoir avoir une somme fixée pour son entretien et avoir ses gens à part, cuisine, écurie destinée à le servir, tout cela dans un nombre suffisant mais très-limité, puisqu'il est plus facile de prendre plus de monde et de le choisir alors, que de se défaire de ceux que l'on aurait de trop au commencement. Ce que je dois ajouter c'est que toutes les personnes comme secretaire, valet de chambre etc. qui auraient l'air d'être mis ches mon frère ou comme des précepteurs ou pour prendre garde et rendre compte de sa conduite, seront toujours mal vus par lui, qu'il les craint infinement et qu'ils lui causeront des soupçons et de la défiance.

II. **Diplom Kaiser Joseph II. vom 7. April 1784 betreffend Errichtung einer Universität zu Bonn, dem Kurfürst von Köln Max Friedrich ertheilt, nebst eingerückter Urkunde des Letzteren vom 23. März 1784*).**

Nos Iosephus Secundus Divina favente Clementia Electus Romanorum Imperator, semper Augustus, Germaniae, Hierosolymae, Hungariae, Bohemiae, Dalmatiae, Croatiae, Sclavoniae, Galiciae et Lodomeriae Rex, Archidux Austriae, Dux Burgundiae, Lotharingiae, Styriae, Carinthiae et Carnioliae, Magnus Dux Hetruriae, Magnus Princeps Transylvaniae, Marchio Moraviae, Dux Brabantiae, Limburgi, Lucemburgi, et Geldriae, Wirtembergae, superioris et inferioris Silesiae, Mediolani, Mantuae, Parmae, Placentiae et Quastellae, Osveciniae, Zatoriae, Calabriae, Barri, Montisferrati et Teschinae, Princeps Sueviae et Carolopolis, Comes Habsburgi, Flandriae, Tyrolis, Hannoniae, Kiburgi, Goritiae, et Gradiscae, Marchio Sacri Romani Imperii Burgoviae, superioris et inferioris Lusatiae, Mussciponti et Nomenei, Comes Namurci Provinciae, Valdemontis, Albimontis, Zutphaniae, Saarwerdae, Salmae, et Falkenstenii, Dominus Marchiae, Slavonicae, Mechliniae & c. & c.

Ad perpetuam rei memoriam notum testatumque facimus tenore praesentium Universis: Quemadmodum Nostri in Diademate Imperiali quondam Praedecessores, Romanorum Imperatores ac Reges, publicae suae libertatis munificentiaeque argumenta, ad excolendas magis et magis artes liberales, quibus respublica apprime florere debeat, edere semper consueverunt; Ita et Nos pro innata Nobis benignitate, ex quo Dei ter optimi maximi gratia ad Majestatis humanae atque Dignitatis Caesareae Suprematum vocati exaltatique sumus, id curae ultro et ex praecipuo in literas amore suscepimus, ut diversa scientiarum studia per universas Sacri Romani Imperii Provincias in fundatis dotatisque hunc in finem Universitatibus, Academiis, Gymnasiis et Collegiis foveantur, promoveantur, et condignis honoribus et praemiis excitentur, Nostroque auspicio talia consequantur incrementa, ut praeclara ibidem studiosae juventutis ingenia solicite excolantur, et in viros evadant, qui pro Choro et Foro idonei, doctis suis consiliis et rerum gerendarum scientiis utrique reipublicae utiliter adesse et praeesse valeant.

Cum itaque Nobis Reverendissimus Maximilianus Fridericus Archiepiscopus Coloniensis Sacri Romani Imperii per Italiam Archicancellarius, Episcopus Monasteriensis, Princeps Elector et Nepos Noster charissimus decenter exposuerit, quod Academiam ab ipso jam a pluribus annis in Residentia sua Bonnae fundatam ad veram Divini Numinis laudem, orthodoxae religionis catholicae augmentum, publicumque Subditorum suorum bonum et commodum in Universitatem erigere intendat, ac proin sequens confecerit erigendi studii universalis Institutum.

Maximilianus Fridericus Dei Gratia Archiepiscopus Coloniensis, S. R. I. per Italiam Archicancellarius et Princeps Elector, S. Sedis Apostolicae Legatus Natus, Episcopus Monasteriensis, Westphaliae et Angariae Dux, Burggravius Strombergae, Comes in Königsegg-Rottenfels, Dominus in Odenkirchen, Borkelohe, Werth, Aulendorf et Stauffen & c. & c.

---

*) Abgedruckt nach dem wohlerhaltenen, mit goldener Bulle versehenen Original in der Bonner Universitätsbibliothek. Eine Copie befindet sich in den Akten der Inauguration der Universität. Nach derselben Abschrift ist das Diplom Josephs, doch mit Weglassung der eingerückten Urkunde des Kurfürsten bereits gedruckt: Einweihungsgeschichte der Kurkölnischen Universität zu Bonn. S. 4—7.

Divina providentia ad sedem hanc Archiepiscopalem et dignitatem, qua fungimur, electoralem evecti inter innumera concrediti Nobis regiminis officia nullum et sanctius et in publicam Ecclesiae ac terrarum Nostrarum Salutem valiturum illo magis agnovimus quo profligata ignorantiae tenebrosae caligine, excitatis undique Studiis, Veritas, Justitia ac reliquae virtutes efflorescunt, Subditisque ad excelsum Doctrinae fastigium adspirantibus opportuna Subventionis auxilia suppeditantur.

Quod itaque gloriosissimae Memoriae Imperatores Augustissimi Carolus V. et Ferdinandus I. anno Saeculi decimi sexti quadragesimo octavo praescripta, anno autem ejusdem Saeculi quinquagesimo nono aucta magis reformationis ecclesiasticae formula in votis habuerant, ut Ecclesiarum Germaniae Proceres ad succidendas tunc grassantis contagiosae ignorantiae radices, et obstruendos vitiorum fontes, queis Religio, populorum Salus, Reipublicae et Principum Securitas labefactabantur undique, omnes vires suas certatim eo conferrent, quo generalia literarum exulantium Studia postliminio Germaniae solo redirent, Praedecessor quidem Noster Hermannus anno praedicti Saeculi quadragesimo tertio vota haec angustissima praevertere volens in hac civitate Nostra Bonnensi ceu Sede electorali, ut artium et Scientiarum omnium palaestra insimul evaderet, generale omnium facultatum et disciplinarum Studium meditabatur atque ut methodo tunc admodum rara patriae Subditis communicarentur ordinabat, quin tamen praefaustus optatis ejusdem responderet effectus, sed potius abligurientibus temporum factis et satis in suo semine primo penitus suffocarentur.

Feliciori praedicta augustissimorum Imperatorum vota successu corronare desiderans, qui Hermannum sequebatur, Adolphus pariter Praedecessor Noster in utraque, quam eum in finem annis ejusdem Saeculi quadragesimo octavo et nono coadunavit Synoda flagrantissimis reuniendi in Religione dissidentes accensus desideriis, primum in instituendis instaurandisquo per universam provinciam suam generalibus studiis collocavit remedium.

Verum praeterquam, quod legum suarum desuper editarum a Sacra caesarea Majostate confirmationem atque augustissimam voluntatem, ut reliqui status ecclesiastici illas imitarentur, ceu zeli sui pro componendis in religione dissidiis praemium retulisset, in nihilum tamen relapsao sunt ejusdem ordinationes, effectuantibus id nimirum iisdem temporum satis.

Melior literarum ac Studiorum Fortuna terras Nostras beatura videbatur, cum anno Saeculi superioris septuagesimo tertio adscitis sub Maximiliano Henrico Praedecessore Nostro in hanc civitatem Societatis Jesu Patribus erudienda in bonis literis Juventus committeretur, atque in erecto deinceps Lycaeo à p. m. Praedecessore Clemente Augusto Cathedrae etiam philosophicae constituerentur; Verum neque ultimo perfectionis Sublimine tot tantisque votis desiderato studium isthoc donari, nec firmo satis solidari potuit fundamento, siquidem ejusdem instituti ratio labente integro Saeculo, anno videlicet septuagesimo tertio in Ecclesia dissolveretur.

Nos igitur adjuvante divina gratia stabili, Saluti Ecclesiae et Reipublicae excultis literis eximie promovendae remedio consulere cupientes, bonis ac Redditibus a tempore abeuntis practacti Instituti ad Nos devolutis Academiam in hac Nostra electorali sede datandam suscepimus, eidemque, ut ad supremum perfectionis eveheretur fastigium, nulla unquam temporis vicissitudine evertendum, atque, ceu nova Universitas aliarum in Imperio aemula perpetuis futuris temporibus resplenderet, subsidium annuum a devotis Regularibus Nobis praestandum anno nuperrimo consecravimus; Ordinantes *Primo*. Ut deinceps omnes quatuor Facultates sublimiores, theologica, juridica, medica, et philosophica in eadem vigeant, quarum singulae suos habeant decanos, et assessorum numerum a Nobis determinandum; Omnium autem Facultatum disciplinae, quae felici jam successu traduntur, ordine, uti sequitur, a Nobis praescripto, jugiter praelegantur, et quidem

A. In Facultate theologica per totidem professores a Nobis constitutos exponantur
  a. Historia Ecclesiae universalis ac theologica literaria.
  b. Linguae hebraeae et chaldaeae Elementa, una cum Hermeneutica veteris Testamenti.
  c. Hermeneutica novi Testamenti una cum cognitione linguae graecae.
  d. Theologia dogmatica et
  e. Polemica
  f. Doctrina morum christiana theoretica una cum Patrologia, demum
  g. Theologia pastoralis practica cum exercitationibus catecheticis et concionatoriis.

B. In Facultate juridica
  a. Jus naturae, historia juris romani, ac juris civilis Institutiones.
  b. Jurisprudentia civilis communis
  c. criminalis et feudalis tum S. R. J. tum specialis.
  d. Historia Germaniae et Imperii.
  e. Jus publicum romano-germanicum.
  f. Jus ecclesiasticum publicum et privatum, ad Ecclesiarum Germaniae Statum accomodatum.
  g. Jus privatum Germaniae Principum una cum praxi tum communi Imperii, tum Coloniensi.

C. In Facultate medica
  a. Anatomia, operationes chyrurgicae, et ars obstetricia
  b. Physiologica, Pathologica, Simiotica, Therapia generalis et specialis, medicina casuistica, et manuductio ad praxin.
  c. Chemia, materia medica et diaetetica, botanica, methodus conscribendi formulas.
  d. Physiologia, Pathologia, et materia chirurgica, et medicina legalis, idiomate germanico.

D. In Facultate philosophica
  a. Logica, Metaphysica, et Philosophia moralis practica. ac Philosophiae Historia.
  b. Historia naturalis et physica tum theoretica, tum experimentalis et mechanica.
  c. Mathesis pura, practica et sublimis.
  d. Ars diplomatica et numismatica, denique
  e. Scientiae politicae et oeconomiae.

Secundo. Academiae huic adcensendum quoque fore statuimus Gymnasium inferius, curae Praefecti subordinatum, classium et domus professoralis curam habentis, atque in eodem Gymnasio per totidem Professores Juventuti communicantur
  a. Catecheticae Praelectiones.
  b. Eloquentia sacra et profana.
  c. Progymnasmata Rhetorices una cum studio poetico.
  d. Principia matheseos ac geographiae una cum historia et Sacra et profana.
  e. Scientia linguae latinae et vernaculae cultioris cum Stilo epistolari.
  f. earundem linguarum praecepta prima.
  g. Praelectiones historicae, arithmeticae, et algebraicae cum Heraldica.

h. Calligraphia.
i. Linguae, Gallica et Italica.
k. Artes digladiandi et equitandi. Demum
l. Scholis normalibus ac realibus duo Professores inserviunt.
Quibus omnibus unum officia Pedelli obeuntem adjungimus.

Tertio. Ut nihil, quod conservandae et excolendae huic Universitati Nostrae congruit, intermittatur, ejusque negotia et causae solide dirigantur, Consilio electorali Nostro academico, ex Praesidente, duobus Consiliariis, quos ex diversis patriae dicasteriis selegimus, Pro-Rectore, uti inferius disponetur, p. t. existente, nec non quatuor Assessoribus perpetuis e qualibet Facultate evocatis, Praefecto Gymnasii et Secretario consistenti (cui universalem omnium literarum ac Studiorum per terras Nostras in melius reformandorum curam et Sollicitudinem jam anno abhinc millesimo septingentesimo septuagesimo septimo exercendam demandavimus) Universitatem quoque Nostram una cum singulis ejusdem membris subjecimus, ac jurisdictionem illi concreditam in ejusdem etiam membra in quibuscunque causis et actionibus, civilibus et criminalibus exercendam imposterum extendimus, atque priores in prima instantia, criminales vero et disciplinares causas a quocunque alio foro, Universitatum aliarum exemplo, exemptas esse declaramus.

Quarto. Ut Universitati Nostrae specialem, qua illam amplectimur, benignitatem et affectionem contestemur: Cancellariatum geremus Ipsi, minime dubitantes, quin Successores Nostri eandem pari gratia et benevolentia sint dignaturi; Pro-Cancellariatum vero et Rectoratum Universitatis perpetuum in altefati Consilii Electoralis Academici Praesidentem, qui pro tempore existit S. R. J. Comitem de Belderbusch, Regiminis Nostri electoralis Praesidem transferimus, qui ceu caput ejusdem consilii et omnium Scholarum ac Studiorum curator officiis, Cancellariatui et Rectoratui annexis fungetur.

Quinto. Pro-Rectorem quoque in statu tamen clericali existentem, ex facultate theologica vel juridica a praefato Pro-cancellario et Rectore perpetuo adsumendum Nobisque praesentandum esse volumus, cujus officium ad quatuor annos perdurabit, isque praedicto Nostro Consilio academico ipso jure, durante Pro-rectoratu suo intersit, suisque consiliis in dirigendis expediendisque negotiis Universitatem spectantibus adsistat.

Sexto. Ut cuicunque perversae doctrinae in hac Universitate omnis aditus praecludatur, nihilque in lucem prodeat, quod Sanctae Religioni, bonis moribus, et S. R. J. Constitutionibus sancte custodiensis adversatur, censuram Pro-cancellario Nostro et Rectori perpetuo concredimus, qui aut per se, sive per alios Facultatum Doctores sibi bene visos manuscripta examini subjiciet, eaque si praelo digna comperta fuerint, imprimendi Facultatem concedat.

Ultimo. Ut reddituum huic Universitati pro dote consecratorum exacta habeatur ratio, in corundem Receptorem praementionati Consilii academici Secretarium deputavimus. Ut autem haec Nostra Universitas firmissimo deinceps innitatur Fundamento et ad omnes rerum Vicissitudines immota semper persistat, utque eadem Doctores, Magistros, Licentiatos, Baccalaureos creandi facultate, caeterisque juribus, privilegiis, ac ornamentis gloriosissimorum Imperatorum Benignitate aliis Universitatibus in Imperio Romano-Germanico concessis legitime perfruatur:

Has Nostras Erectionis et Fundationis Literas Sacrae Caesareae Majestati confirmandas humillime porreximus, eidemque impertiendam expetimus supremam Sacrae Caesareae Majestatis Protectionem. Dabamus Bonnae hac 13ᵗᵃ Mensis Martii 1784.

          Max Frid⁼ Archiepiscopus et Elector Coloniensis.
          Vᵗ C. O. Freiherr von Gymnich.   (L. S.)

Proindeque Nos demisse obsecraverit, ut mox insertis Statutis et constitutionis literis assensum Nostrum Caesareum clementissimo praebere et confirmare dignaremur.

Considerantes igitur, quenam commoda ex tali consumando et perficiondo universali studio in commune bonum reduntatura sint, ideo illud omnium artium liberalium ac Scientiarum studium universale in civitate Bonna perficiendum ita confirmamus ac ratihabemus, ut constituendi in eodem Professores, Doctores et universa juventus literis ibidem operam navans aliaequo ad ipsum pertinentes personas aequo jure censeantur, pari dignitato aestimentur, omnibusque Immunitatibus Privilegiis, libertatibus, Honoribus et Franchisiis gaudeant, sicut aliae per Sacrum Romanum Imperium Universitates earumque membra utuntur, fruuntur, potiuntur et gaudent.

Volentes, et eadem authoritate Nostra Caesarea decerneutes, quod Professores a Dilectione sua, vel ab ejus Successoribus ad suprafatam Universitatem nominandi possint et valeant recensitas in suprainserta Universitatis Institutione facultates profiteri, docere et lectiones publicas tenere, conclusiones palam discutiendas proponere, interpretari, glossare et dilucidare, omnesque actus academicos eo modo, ritu et ordine exercere, qui in caeteris Universitatibus observari solent.

Porro cum ipsa literarum studia per obtinenda in singulis disciplinis a Strenuis earum cultoribus praemia non parum promoveantur, volumus et jubemus, ut ordinandae in Universitate Bonnensi consuetae Doctorum Professorumque Facultates eos, qui comparatas sibi eminentioris doctrinae fiducia ducti ad usitatos gradus academicos adspirant, rigorosis examinibus subjiciant, et ad edenda congrua requisitae eruditionis specimina adstringant, deinde vero observata, quae in reliquis Universitatibus viget, rituum Solemnitate Baccalaureos, Magistros, Licentiatos aut Doctores pro disciplinarum ingeniorumque diversitate creare, et inaugurare queant.

Volentes et jubentes, ut tales in dicta Universitate Bonnensi legitime promoti Baccalaurei, Magistri, Licentiati vel Doctores in omnibus Sacri Romani Imperii locis et terris libere omnes actus legendi, docendi, interpretandi et glossandi facere et exercere queant, quos caeteri Baccalaurei, Magistri, Licentiati et Doctores in aliis Universitatibus privilegiatis promoti exercent et exercere possunt de jure vel consuetudine.

Praeterea recipimus eandem Universitatem a memorata sua Dilectione erigendam in Caesaream Nostram ac Successorum Nostrorum Romanorum Imperatorum et Regum singularem protectionem, salvam Guardiam atque Patrocinium, ideoque volumus et decernimus per praesentes, ut singula ejus membra una cum studiosa juventute, et iis, qui ad capessendos gradus academicos se illuc conferrent, gaudeant et potiantur, uti, frui, gaudere et potiri possint ac valeant promeritis illis gratiis, honoribus, dignitatibus, praeeminentiis, immunitatibus, privilegiis, franchisiis, concessionibus, favoribus et indultis ac aliis beneficiis, quibus aliae in Sacro Romano Imperio Universitates gaudent, utuntur, fruuntur et potiuntur ex consuetudine vel de jure, non obstantibus aliquibus Privilegiis, Indultis, Praerogativis, Gratiis, Statutis, ordinationibus, exemptionibus, aut aliis in contrarium facientibus, quibus omnibus et singulis ex certa Nostra Scientia, animo deliberato et motu proprio per hoc Diploma Nostrum derogamus, et derogatum esse volumus, dummodo tamen nihil scandalosum vel bonis moribus contrarium, aut sacri Romani Imperii constitutionibus adversum sive Professores sive Studiosi ibidem doceant vel scribant, aut doceri, scribi, in lectionibus aut disputationibus publicis proponi aut scripto vel libris, sive clam sive palam vulgari permittant.

Concedimus quoque et benigne impertimur, ut quemadmodum Dilectio sua ad majorem saepe dictae Universitatis splendorem ac firmiorem ordinem ibidem asserendum sibi ac Suis Successoribus Rectoratum et Cancellariatum reservavit, ita tam illis, qui in ejus absentia aut alias Pro-Rectoratum vel Cancellariatum gerent, quam etiam caeteris Universitatis Officialibus ea omnia valide exercere liceat, quae ejusmodi officiis de jure vel consuetudine annexa sunt.

Supradicta porro omnia et singula hac tantum modo approbamus, confirmamus et elargimur ratione, ut in illa, quae Universitatis Bonnensis Institutionem, Normam aut ordinem concernere possunt, nemo unquam manum injicere, aut quidquam sibi arrogare queat, taliaque molimina prorsus nulla et irrita hisce disertim declaramus.

Nulli ergo omnino hominum cujuscunque Status, Gradus, Ordinis, Dignitatis, aut Praeeminentiae fuerit, liceat hanc Nostrae Concessionis, Erectionis, Confirmationis, Indulti, Protectionis et aliorum supra insertorum privilegiorum, gratiarum vel facultatum Tabulam infringere, aut ei quovis ausu temerario contravenire, sed illam quovis modo violare, si quis autem id attentare praesumpserit, is Nostram et Sacri Romani Imperii Indignationem gravissimam et poenam Quinquaginta Marcarum auri puri toties quoties contraventum fuerit, se noverit incursurum, quarum dimidiam Imperiali Fisco seu aerario Nostro, reliquam vero partem dictae Universitatis usibus decernimus applicandam.

Harum Testimonio literarum Manu Nostra subscriptarum et Sigilli Nostri Caesarei appensione munitarum, quae dabantur Viennae die septima mensis Aprilis anno Domini millesimo septingentesimo octogesimo quarto, Regnorum Nostrorum Romani vigesimo primo, Hungarici et Bohemici vero quarto.

JOSEPHUS
V^s Princ. Colloredo.

III. Entwurf des Bonner Akademieraths über die Feierlichkeit bei Inauguration der Universität, die Facultäten und ihre Gegenstände im Allgemeinen (akademische Kleidung, Doctorwürde, Einladung fremder Universitäten zu der Feierlichkeit, akademische Ehrenstellen) und Universitätsgesetze vom 23. September 1786 und Bemerkungen des Kurfürsten zu diesem Entwurf.[1]

I. Feierlichkeit bei der Inauguration.

Die Eröffnung der Universität macht eine wichtige Epoche in der Geschichte Sr. Kurf. Durchlaucht und des ganzen Landes. Die Handlung ist allzu interessant, als dass sie ohne

---

[1] In den Akten zur Inauguration der Universität befindet sich das Concept dieses Entwurfs, von Oberthürs Hand geschrieben, die dem Kurfürsten selbst übergebene Abschrift des Entwurfes und Bemerkungen des

Feierlichkeit vor sich gehen sollte. Der festliche Auftritt aber muss mit dem ernsthaften Anstand begleitet sein, welcher der Person eines grossen Fürsten gebührt, und wodurch die Sache selbst das ihr zukommende Ansehen behauptet. 2) muss er in die Augen des Publikums fallen, damit nicht nur die Gedächtniss dieses Vorfalles verewigt, sondern auch die Achtung für Wissenschaften bei denen rege gemacht wird, die gefühllos gegen dieselbe waren. 3) muss dabei zum Augenmerk genommen werden, dass es eine Sache ist, die zum Wohl der hiesigen Stadt und des ganzen Landes gereichet. Mithin sind auch solche Anstalten zu machen, dass jeder Unterthan den lebhaftesten Antheil an dieser Feierlichkeit nimmt, und durch die wohlthätigen Gesinnungen unseres besten Fürsten dankbar gerührt wird.

Dieses würde auf schicklichste Art durch folgende Vorstellungen erzwecket:

Der 5.¹) November würde der schicklichste Tag der feierlichen Inauguration sein, der, sowie die an den zween folgenden Tagen vorzunehmenden Handlungen, am Meisten wird verherrlichet werden, wenn wir uns des schätzbarsten Glückes schmeicheln dürfen, mit der Höchsten Gegenwart Sr. Kurf. Durchlaucht beehrt zu werden.

*A. Am 4., des Tags vorher, wird Abends um 6 Uhr hier in der Stadt sowohl als auf dem Lande mit allen Glocken eine halbe Stunde geläutet und hier werden auf dem Walle 24 Kanonen abgefeuert.

B. Den 5.²) als den ersten Tag der Feierlichkeit werden um 9 Uhr hier in der Stadt wieder alle Glocken geläutet und abermals 24 Kanonen gelöset.

*Jeder Priester in der Stadt sowohl als auf dem Lande hat diesen Tag eine besondere Collecte der Messe beizufügen für das Höchste Wohl Sr. Kurf. Durchlaucht. Der Generalvikarius muss davon benachrichtiget werden um das Nöthige zu verfügen.

Hier in der Stadt muss das Regiment und die Bürgerschaft paradiren.

Um 9 Uhr geruhen Se. Kurf. Durchlaucht während dem Läuten der Glocken und Abfeuern der Kanonen in einem sechsspännigen Gallawagen unter Vortretung der Dikasterien und des Hofstaats zur Universitätskirche³) zu fahren, und werden bei dem Eingange von den Mitgliedern der Universität erwartet.

Höchstdieselben besteigen den zubereiteten Thron und⁴) lassen durch den Oberstkäm-

---

Letzteren zu den verschiedenen Theilen des Entwurfes, mit welchen zugleich er diesen am 2. Oktober 1786 dem Akademierath zurücksandte mit dem Befehle: „Ihr habet die Abänderungen gemäss unseren Bemerkungen zu machen, sodann in Delang deren, des untergebenen Endzweckes halben, vorläufig zu treffenden Anstalten und Verfügungen das Erforderliche in Zeiten vorzunehmen". Hiernach sind im Nachfolgenden die Bemerkungen des Kurfürsten zu den einzelnen Theilen des Berichtes stets unmittelbar hinter dem betreffenden Theile des Entwurfes abgedruckt. Diejenigen Artikel desselben, welche durch diese Bemerkungen aufgehoben oder abgeändert worden, durch ein vorgesetztes * bezeichnen. Eine andere Abschrift des Entwurfes und das Concept der Bemerkungen des Kurfürsten finden sich in dem Aktenfascikel: Innere Einrichtung und Gesetze der kurkölnischen Universität zu Bonn (Bonner Universitätsbibliothek S. 9? b. III).

1) Später ist 5 durchgestrichen und übergeschrieben: 20.
2) Später ist 5 durchgestrichen und übergeschrieben 20. In Folge der Bemerkung des Kurfürsten ad A sind ausserdem in diesem Absatze später die Worte: wieder und abermals durchgestrichen.
3) Später ist statt Universitätskirche geschrieben Universitätssaal.
4) Von Spiegels Hand ist später, in Abänderung des im Folgenden Bestimmten, hier an den Rand geschrieben: „eröffnen den Inaugurationsaktum durch eine Rede. Am Schlusse derselben lassen sich Höchstdiesel-

merer das Originaldiplom Sr. Excellenz dem Herrn Präsidenten von Spiegel überreichen, der es öffentlich abliest und darauf den Professoren die Doctorsinsignien, zuletzt dem Pedell seinen Stab überreicht.

C*. Darauf wird von Seiten des hiesigen Stadtraths durch den Bürgermeister Hofrath Kaufmann vor dem Thron eine kurze Dankrede an Se. Kurf. Durchlaucht gerichtet. Worauf von dem Prorector die Hochmess und das Te Deum abgesungen wird, wobei die Hofkapelle die Musik übernimmt. Nach geendigtem Gottesdienst werden Se. Kurf. Durchlaucht von den Universitätsgliedern bis in die Antichambre begleitet und des Herrn Präsidenten von Spiegel Excellenz danken für die Höchste Gnade und empfehlen die Universität zum ferneren Schutz. Se. Kurf. Durchlaucht erlauben den gnädigsten Handkuss.

D*. Den zweiten Tag wird von 9—11 eine Disputation gehalten.

Den dritten Tag ist eine Doctorspromotion. Wobei man sich aber allzeit die Hoffnung macht, mit der Höchsten Gegenwart Sr. Kurf. Durchlaucht beehrt zu werden.

E. An eben diesem dritten Tage wird auf Kosten der Universität den Professoren eine Ergötzung gegeben. Damit wird die Feierlichkeit geschlossen.

Kurfürstliche gnädigste Bemerkungen über den unmassgeblichen Entwurf in Betreff der Feierlichkeit bei der Inauguration.

ad A. scheint überflüssig zu sein, dass Tages vorher auf dem platten Lande mit allen Glocken eine halbe Stunde geläutet und hier auf dem Wall 24 Kanonen abgefeuert werden. Dann

B. dass den 5. November jeder Priester in der Stadt und auf dem Lande eine besondere Collecte in der Messe für Se. Kurf. Durchlaucht beifüge, da ohnehin in jeder Messe für den Erzbischof und Landesherrn gebetet wird.

C. ist an angemessner, dass nach geendigtem actu der Herr Universitätspräsident oder einer der Professoren und nach ihm der Bürgermeister Kaufmann im Namen des hiesigen Stadtraths eine Danksagungsrede halte.

D. kann den zweiten Tag aus jeder Facultät eine kurze Disputation gehalten werden.

E. wollen Ihre Kurf. Durchlaucht am dritten Tage auf Ihre Kosten den Professoren eine Ergötzlichkeit bieten.

II. Facultäten und ihre Gegenstände im Allgemeinen.

Es ist bereits bei allen Universitäten herkömmlich, dass die Studien in 4 Facultäten eingetheilt sind: die theologische, die juridische, die medicinische und die philosophische. Auf katholischen Universitäten behauptet durchgängig die Theologie den ersten Rang vor den andern.

---

ben durch den Herrn Oberhofmeister das Original-Diplom und andere Universitätsinsignien als Scepter und Insiegel überreichen". Wie unsere Akten zeigen, wurden eben die Bestimmungen über diesen Theil der Feierlichkeit noch mehrfach abgeändert, bis man sich schliesslich über die gedruckte „Anzeige der Feierlichkeiten bei der bevorstehenden Einwehung der Kurf. Universität zu Bonn im J. 1786" geeinigt, von welcher zwei Exemplare auch unseren Akten beiliegen und welche auch in dem „gnädigsten privilegirten Bönnischen Intelligenzblatt" (Jahrgang 1786, S. 190 u. 191) mitgetheilt worden.

a. Jede Facultät hat aus ihren Mitgliedern einen Decanum, an welchen die Species facti über auszustellende Responsa von dem Rectore zugestellet werden, der durch den Pedell die der Facultät zugehörigen Professoren zusammenruft, wenn es Umstände erfordern, und das der Facultät eigene Siegel in Verwahrung hat. *Diese Stelle aber wechselt mit jedem Jahre ab.

b. Wenn von einem abgehenden Kandidaten ein Zeugniss seines Fleisses und Fortganges begehret wird, so hat jeder Professor dasselbe verschlossen an den Decanus zu schicken, der das völlige Zeugniss unter dem Facultäts-Siegel, dann seiner und aller Professoren Unterschrift ausfertiget.

Die ausgefertigten Responsa werden allzeit unter dem Universitäts-Siegel und Unterschrift des Herrn Präsidenten abgeschickt. Alle Responsa werden in Duplo abgeschrieben einmal für die begehrende Partei und einmal für die Universitäts-Registratur.

Theologie. Die Lehrgegenstände sind im Diplom benannt, sowie sie nöthig sind. Dazu sind eben nicht 7 Professoren nothwendig, wenn die sich am Nächsten verwandten Gegenstände in einander verwebt und vereinbaret vorgetragen werden, z. B. Dogmatik und Polemik, Moral- und Pastoral-Theologie. Nur muss der Bedacht darauf genommen werden, dass die Vorbereitungs-Wissenschaften als: Orientalische Sprachen, Kirchengeschichte etc. nicht vorbeigegangen werden.

Jus. Auch dieses hat seine angewiesenen Wege.

Medicin. Vorausgesetzt, dass für die nothwendigen Fächer genugsam Lehrer angesetzet werden, so kann das Ganse bestehen.

Philosophie. Dahin gehört Logik, Ontologie, Psychologie, natürliche Theologie, Naturrecht, Tugendlehre, philosophische Geschichte, Naturgeschichte, allgemeine und besondere Physik, Mathematik, Diplomatik.

Um all diesen Gegenständen genug zu thun, werden wenigstens noch zwei Männer erfordert, wovon der eine die Naturgeschichte, der andere Naturrecht, Tugendlehre und philosophische Geschichte übernimmt.

c°. Die weltlichen Professoren tragen bei feierlichen Auftritten ein schwarzes Kleid und eine reiche Weste. Die Doctorsinsignien bestehen in einem Ring, einem Epomis, der die Form hat wie ein Kardinalsmantel, einem Barret. Der Mantel und das Barret sind in jeder Facultät durch die Farbe unterschieden.

Die Theologen haben den Mantel von schwarzem Moire mit Silber bordirt und die Knöpfe daran ebenfalls mit Silber übersponnen, das Barret von rothem Sammet, daran die Quaste aus Gold und schwarzer Seide bestehet. — Die Juristen haben den Mantel roth, das Barret ebenfalls roth, die Quaste aus Gold und rother Seide. — Die Mediciner violetten Mantel und Barret. — Die Philosophen den Mantel himmelblau mit Gold bordirt, das Barret von Sammet der nämlichen Farbe[1]). Der Secretär erscheint mit einem schwarzen Kleide und reicher Weste, der Pedell mit einem schwarzen Talar und einem Stabe.

Die Professoren schaffen sich diese Kleidung auf ihre Kosten an und behalten sie als ihr Eigenthum. Für diejenigen, die nicht Professoren sind und zu Doctoren promovirt werden wollen, werden sie von der Universität angeschafft und gegen eine bestimmte Abgabe zum Gebrauch während dem Promotionsakte überlassen.

---

1) Vgl. unten S. 19 Anm. 1.

Ansehen der Professoren.   *d.* Die Professoren haben ein gar zu geringes Ansehen dadurch, dass der grösste Haufen von Menschen den Werth eines Mannes mehr nach seinen Titeln, als nach seinen Verdiensten abmisst. Dem könnte aber doch leicht geholfen werden, wenn die Weltlichen zu wirklichen Hof- und Hofkammerräthen ernannt würden, ohne jedoch aufgeben zu dürfen, es sei denn, dass sie gerufen würden.

Doctorwürde.   Auf der Universität kann ein zweifacher Grad erhalten werden, die Würde eines Licentiaten oder eines Doctors. Religion schliesset Niemanden aus von demselben. Nur die theologische Facultät schränkt sich auf Katholiken ein.

Wenn aber Jemand die Doctorwürde sucht, so müssen solche Vorkehrungen gemacht werden, dass dieselbe nicht zum Nachtheil der Universität Unwissenden ertheilt werde. Es müssen drei strenge Examina vorhergehen, jedes von einigen Stunden. Nach geendigtem jeden Examen votiren die Professoren nach ihrem Gewissen, ob und in welchem Grade es gut abgelaufen ist. Dieses wird von dem Sekretarius zu Protokoll gesetzt. Da muss zugleich auch entschieden werden, ob er zu dem zweiten oder dritten Examen angenommen oder gleich abgewiesen werde.

Wenn der Kandidat die drei Examina ausgehalten, so wird ihm ein Tag zur öffentlichen Disputation bestimmt. Wobei aber allzeit eine Dissertation gedruckt erscheinen muss. Nach geendigter Disputation wird der Kandidat als Licentiat erklärt. Dieses geschieht auf folgende Art:

Der Professor, welcher in der Disputation das Präsidium hat, erkläret, dass Gegenwärtiger von der Facultät durch drei strenge Examina geprüfet worden sei und nun in Gegenwart des versammelten gelehrten Publikums öffentlich eine Probe seiner Wissenschaften abgelegt habe, dass ihm von der Facultät der Auftrag gegeben worden sei, diesem die Würde eines Licentiaten zu ertheilen; er bitte also den Herrn Rector oder in dessen Abwesenheit den Herrn Prorector um die Erlaubniss diesen Actum vollziehen zu dürfen, und ferner dem Kandidaten die Privilegien zu ertheilen, welche von Sr. Kaiserl. Majestät diesem akademischem Range wären zugedacht worden.

Darauf wird der Kandidat von dem Pedell zu dem Herrn Rector geführt, der ihm dieses ertheilet.

      Formula.

Ego N. N. authoritate, a Sacra Caesarea Majestate mihi indulta tuis, clarissime Domine Professor, precibus libenter annuo, ut hunc N. N. mihi praesentatum, examinatum et rite tentatum ad Gradum Licentiatus promovere possis. Tibique erudite Domine N. N. eadem authoritate concedo facultatem publice legendi, docendi, glossandi et interpretandi, iisque privilegiis fruendi, quae gradui huic annexa sunt, voloque ut actus hic a Secretario almae hujus Universitatis Registro inscribatur, et si requisitum fuerit, Diploma in forma consueta expediatur.

Darauf sagt der Professor für die erhaltene Erlaubniss Dank und schreitet zu dem wirklichen Act, der darin besteht, dass er ihm das der Facultät zukommende Barret aufsetzet und zum Licentiaten erklärt.

   e. Die Doctor-Würde wird keinem aus den Landeskindern ertheilt, der nicht schon zu einem öffentlichen Amt ernennet ist, z. B. Rath, Professor, Advokat, Kanonikus, Pastor & c. (es sei denn, dass er zu einer Präbende oder sonstigen Würde fähig müsste gemacht werden), damit die Würde eines promovirten Doctors nicht verächtlich wird.

Damit aber auch eben diese Würde nicht gleichgültig betrachtet und von Niemanden gesuchet wird, so muss zu einem Gesetze gemacht werden, dass keinem Arzte die Praxis verstattet werde, wenn er nicht zum Doctor promovirt ist.

f°. Ferner darf keiner zum Advokat legalisiret werden, es sei denn, dass er schon Licentiat sei und sich anheischig mache, in 4 Monat Zeit die Doctor Würde zu erhalten; wie ohnehin die alte Reformatio Curiae schon verordnet hat.

Es kann ferner bei Vergebung der Präbenden und Rathsstellen auf höhern Dicasterien darauf Rücksicht gemacht werden.

Die 4 Facultäten erscheinen mit den akademischen Kleidern in dem Versammlungs-Zimmer, und erwarten da des Hrn. Präsidenten Excellenz. Worauf unter Vortretung des Pedells der Zug in der Ordnung der Fakultäten in die Aula geführet wird. Der Promotor liest ein über einen von ihm selbst gewählten Gegenstand ausgearbeitetes Programma vor. Darauf wendet er sich auf die nämliche Art an den Herrn Rector, wie bei der Promotion zum Licentiaten, und erhält von da die nämliche Antwort.

Nach dieser ertheilet er dem Kandidaten die Doctors-Insignien und erklärt ihn zum wirklichen Doctor. Endlich ruft er ihn, eine höhere Katheder zu besteigen, und durch Ablesung eines von ihm ausgefertigten Programms (davon aber der Promotor die Materie anzugeben hat) den ersten Act als Lehrer zu verrichten. — Ist dieses abgelesen, so hält der Promotor eine kurze Schlussrede, und endiget die ganze Handlung.

Ganz umsonst können alle diese Bemühungen nicht von denen gefordert werden, die dabei beschäftiget sind, aber der Tax, der bei anderen Universitäten sehr hoch gesetzet ist, soll bei dieser neuen Universität gemässigt sein, und kann in diesen Anschlag gesetzet werden:

Examen.	Bei jedem Examen wird bezahlt	
	Dem Herrn Präsidenten	fl. 11
	Dem Prorector	„ 5
	Jedem Professor der Fakultät	„ 2
	Dem Syndicus	„ 1
	Dem Pedell	„ ½
Disputation.	Dem Herrn Präsidenten	„ 11
	Dem Prorector	„ 5
	Dem Professor welcher praesidirt	„ 9
	Den übrigen Professoren der Facultät	„ 1
	Dem Syndicus	„ 1
	Dem Pedell	„ 1
Doctors-Promotion.	Dem Herrn Präsidenten	„ 33
	Dem Prorector	„ 11
	Dem Promotor	„ 20
	Jedem Professor der Fakultät	„ 2
	Dem Syndicus	„ 5
	Zur Unterhaltung der Doctors-Insignien, die dem neuen Doctor bei dem Act zum Gebrauch gegeben werden	„ 9
	Dem Pedell	„ 2

Wer eine Präbende antreten will, darf von den Examinen, und der öffentlichen Disputation nicht frei gelassen werden, es sei denn, dass Se. Kurfürstl. Dchlt. besonders in einzelnen Fällen gnädigst dispensiren würden.

Wenn sich Jemand durch ausgezeichnete Wissenschaften um die Doctors-Würde verdient macht und arm ist, so wird ihm auf sein Ansuchen alles umsonst ertheilt.

Ferner erklären Se. Excellenz der Herr Präsident, dass sie für ihre Person auf die Ihrer Stelle bei dergleichen Vorfallenheiten angewiesenen Gelder, jedoch ohne Nachtheil auf die Nachfolger, Verzicht thuen wollen, behalten sich aber vor darüber zum Besten immer einer guten Sache zu disponiren.

Einladung fremder Universitäten zu dieser Feierlichkeit. Die Besuche von Fremden bei Universitätsfeierlichkeiten haben zwar einige Vortheile; der Aufwand aber, und die Kosten, die dabei gemacht werden, können noch immer zu einem bessern Zweck verwendet werden, besonders wo die Einkünfte nicht überflüssig sind; es wäre also an Platz einer Einladung ein blosses Notifications-Schreiben auszufertigen.

Schreiben an die Universitäten. Rectori Magnifico viris summe reverendis illustribus consultissimis experientissimis amplissimis patronis et amicis colendissimis salutem.

Eminentissimus ac Serenissimus Princeps Elector, Dominus Noster longe Clementissimus, ut specialem, qua Studia et bonas artes fovet et protegit, benignitatem palam faceret, gratiosissime annuit, ut nostra Academia concessis a Sacra Caesarea Majestate privilegiis uteretur imposterum, iisque Iuribus gauderet, quae Universitatibus Germaniae communia sunt, Diemque decrevit 5. Novembris, qua Solennis haberetur inauguratio. Quod cum Vobis, viri consultissimi, notum facimus, enixe optamus, ut conatibus nostris vestrum favorem non denegetis, primaque nostrae Universitatis incunabula fideli auxilio et sincera amicitia sustentetis, mutuisque nobiscum viribus agatis, ut res literaria incrementum capiat. Quodsi securitis, nostra Vobis obsequia quam lubentissime vovemus. Valete diu Sospites.

Amplissimorum et celeberrimorum Virorum
  Bonnae & &.
    Cultores assidui Rector et Senatus Academicus
    Prorector
    Syndicus.

g. Das hohe Domcapitel zu Köln wird unseres Dafürhaltens schicklich durch ein Schreiben aus der geheimen Kanzlei die Nachricht und die Einladung erhalten.

Akademische Ehrenstellen.

Cancellarius. Diese Stelle geruhen Ihre Kurfürstl. Durchl. selbst zu bekleiden.

h. Rector magnificus und *Procancellarius.* Sr. Hochw. Excellenz der Herr Hofkammer-Präsident Frhr. von Spiegel zum Diesenberg.

i. Prorector. Zu dieser Stelle wird unterthänigst vorgeschlagen der D. G. Oberthür.

Fiscus. Der Professor Brewer.

Syndicus. Hofkammerrath Esser.

Pedell. Bernard Schmidt.

Kurfürstl. gnädigste Bemerkungen über den unmassgeblichen Entwurf in Betreff der Facultäten und ihrer Gegenstände im Allgemeinen.

a. wird es besser sein, dass der Dekanus in jeder Facultät jährlich gewählt werde.

b. sind die Zeugnisse für die abgehenden Candidaten von dem Decano und Professoribus, unter welchen der Candidat die Vorlesungen gehört hat, auszustellen.

c. kann die academische Kleidung ganz einfach — in einem schwarzen Rock, und reicher Weste bestehen, und können die verschiedenen Doctors-Insignien ganz füglich hinweg bleiben [1]).

d. halten Se. Kurfürstl. Durchl. Sich bevor, denen Professoren, nach Umständen nicht nur den Hofraths Titel, sondern um praktisch zu werden, auch den Zutritt in Höchstdero Hofraths-Collegium, zu gestatten

e. ist bei Verleihung der Doctors-Würde nicht darauf, dass der Candidat ein öffentliches Amt, sondern dass er Fähigkeit und gründliche Kenntniss besitze, Rücksicht zu nehmen.

f. verlangen Ihre Kurfürstl. Durchl. nicht, dass jeder legalisirte Advokat Doctor oder Licentiat sein soll; es wird genug sein, dass er in der vorgeschriebenen Prüfung bei dem Kurfürstl. Hofrath bestanden ist.

g. wollen Höchstdieselben das Domcapitel zu Köln durch ein Schreiben zu der Inauguration einladen.

h. kann der Herr Präsident, an statt eines Rectoris magnifici und Pro-Cancellarii, den Namen Curator Universitatis führen, und

i. Oberthür die Stelle eines Rectoris auf ein Jahr lang bekleiden, alsdann aber der Rector von den vier Fakultäten jährlich gewählt und Ihrer Kurfürstl. Durchl. zur Genehmigung vorgeschlagen werden.

III. In Album Universitatis generalis Studii Bonnensis recipiendus N. N. stipulata manu appromisi servare

Leges.

1. Qui primo Bonnam studiorum causa missus aut sponte venerit, intra octavam diem nomen suum Prorectori [2]) edat, petatque in album Universitatis referri.

2. Praeterea, qui Academiae nostrae privilegiis uti et frui cupit, principium Sapientiae timorem Dei constituat.

---

[1]) In den Akten der Inauguration der Universität findet sich ein Protokoll über eine Sitzung des Akademieraths vom 4. November 1786, in welcher als „Kurfürstl. Willensmeinung" zur Nachachtung für die Professoren mitgetheilt wurde, dass „alle Professoren gleich anderen Universitäten als Doctoren einen Ring und Barett zu der bereits bekannten übrigen Kleidung tragen sollen"; der Unterschied in den Farben des Baretts bei den verschiedenen Facultäten ist dann oben so festgesetzt, wie früher der Akademierath vorgeschlagen.

[2]) Den vorstehenden Bemerkungen des Kurfürsten gemäss ist hier und im Folgenden statt Rector und Prorector stets Curator und Rector geschrieben.

3. Hinc exercitio suae Religionis academicus ne vel in minimo deerit. Rectori Academiae, quoties id exegerit, rationes et testimonia exhibiturus.

4. In selegendo et colendo bonarum artium et Scientiarum Studio, ubi ordinationes academiae silent, multum arbitrii, otii nihil, verum omnis pro viribus diligentia esto.

5. Primarius corporis animique ornatus morum candor et elegantia esto; praeterea honestas solummodo vestitus, luxus vero nullus.

6. Rectorem et ejus vice- sen pro-Rectorem Academiae Judicem ordinarium et in omnibus competentem quisquis Academicus agnoscat, veneretur, eique promtissime obediat.

7. Ne verbum a in academiae, aut b convivis, minus c in Superioris tui contemptum ullibi loquere, aut alias quidquam facias; verum siquid particularibus tuis circumstantiis minus convenire putes, Facultatis Decanum veluti studiorum particularium manuductorem, reverenter in consilium et auxilium requiras.

8. Delicti publici aut privati aut ullius excessus bonae politiae adversi te reum ne facias, sed honeste et caste ubique vivito.

9. Qui cum sui inferioribus, generatim cum non literatis, versabitur, quolibet facto levem morum notam incurret. Frequentatio plane prohibita est.

10. Magis autem divagationes nocturnae aut aliae extra civitatem magisque tumultus prohibentur, et in poenam severiorem notantur.

11. Qui itaque generaliter ac indefinite melioris conversationis a Prorectore admonitus non desistet, statim inobedientiae poenam luet.

*12. Qui omnibus et singulis academiae nostrae privilegiis et juribus testimonii, biennii, promotionis etc. frui cupit, is siquas lectiones sub anni initio frequentare ceperit, easdem in decursu ne deserat, absque speciali Facultatis Decani dispositione.

13. Ne ipse absque gravi ac inevitabili impedimento lectiones saepius omittat, ni aut justam impedimenti rationem Professori decenter allegaverit, aut absentium numero adscribi velit.

14. Auditorio semper quisquis mature quantum fieri potest, ante Professoris ingressum, debite praeparatus intersit, et absque motu omnique strepitu absque quavis alia occupatione, summa cum reverentia, modestia et attentione ad finem usque perseveret.

15. Praeter ordinarium et publice ad artis aut scientiae spartam constitutum Professorem nemo in academia Nostra instructionem aliquam dare, minus illam aliunde recipere Academicus praesumat, nisi Prorector cum Facultatis Decano aliud speciatim disposuerit.

16. Quod pro instructione privata aut alias extraordinaria solvendum fuerit, id sub cujuslibet cursus initio statim solvatur.

17. Nec quisquam sub cursus initio collegium aliquod intrabit, aut frequentare perget absque petita prius specialis venia illius spartae Professoris, si in tantum academiae privilegiis uti velit.

18. Absque expressa Rectoris licentia altiorem in studiis gradum ne ascendas, minus aliquem praetereas.

19. Universitatis Rectori igitur et, ejus vice, Prorectori in omnibus licitis et honestis quivis Academicus pareto.

20. Nec absque speciali hujus Rectoris aut Prorectoris licentia expressa ulli alii Magistratui se Academicus sistat, aut alius Mandatis pareat.

21. Imo si, qua actor, aliud rei forum sequi quis velit, id nonnisi cum expressa ejusdem Rectoris aut Prorectoris licentia faciat.

22. Citatus ad Rectorem aut Prorectorem nec advocatum minus procuratorem in sui assistentiam assumat; quodsi assistentia opus fuerit, ipse Rector aut Prorector providebit.

23. Nec ullibi Candidatus aut alius Academiae nostrae subditus supplicam absque Rectoris licentia ejusque revisione exhibeat, absque nota famosi libelli.

24. Superiorum admonitionibus, correctionibus ne vel verbum obloquere, si quas autem excusationes vel justificationes habere putes, eas modeste ac decenter obmoveas.

25. Si candidatus candidatum aegrotum, in sanitatis periculo constitutum audiverit, is hoc ex tempore uni ex professoribus aut facultatis Decano denuntiet.

26. Ob illud quod speciatim in alimenta creditum versumque fuerit, actio nota non ultra tertium mensem dabitur. In caeteris nec ulla unquam actio, petitioque dabitur.

Circa casum morbi specialem Prorector in assistentia Facultatis Decani speciatim et summariissime disponet.

27. Contra Academicum nulla unquam petitio seu actio sponsalium aut deflorationis dabitur. In defloratorem tamen Magistratus academicus severe procedet.

28. In academicorum crimina, delicta, excessus, aut quamcunque legum transgressionem poenae determinatio semper pro delicti quantitate et frequentia Universitatis arbitrio relicta est.

29. In qualibet causa, quantum fieri potest, summariissime procedatur, servatis solummodo processus substantialibus.

30. In subsidium harum legum academicarum jus commune et Statutarium Electorale Coloniense observabuntur.

31. Tandem quisquis civis academicus appromittet se in omne tempus futurum Universitatis Bonnensis bonum promovere et omne damnum avertere velle.

Kurfürstl. gnädigste Bemerkungen in Betreff der entworfenen, jedem Candidaten bei der Matrikel mitzutheilenden Gesetze.

Worunter das Gesetz

No. 12 zu hart

No. 23 nicht angemessen, das

No. 26 und 27 aber durch eine landesherrliche Verordnung bekannt zu machen ist. Sodann ist die Dispositio Prorectoris circa casum morbi specialem, die zwischen dem 26. und 27. Gesetz vorkommt, näher zu erläutern [1]).

---

1) In Folge dieser Bemerkung gab der Akademierath in einem Schreiben vom 6. Oktober 1786 folgenden „näheren Aufschluss": Niemand soll pt. Debiti nach Verlauf von 3 Monaten gegen einen Kandidaten eine gerichtliche Anklage anstellen können. Im Falle aber, dass ein besonders nicht hier Gebürtiger krank würde, so sei von dem Rector zu sorgen, dass dieses Gesetz nach Erfordernis der Umstände modificirt würde, damit ihm dadurch nicht von Hauswirth, Arzt und Apotheker die nöthige Hülfe versagt würde. Darauf rescribirte der Kurfürst am 8. November: Sodann habet Ihr nach der uns gethanen Aufklärung den Art. 26. der Universitätsgesetze näher zu bestimmen und mit den übrigen bekannt zu machen.

IV. Entwurf des Akademieraths über Einrichtung der Studien vom 23. September 1786 und Bemerkungen des Kurfürsten zu diesem Entwurf.

I. Bericht des Akademieraths [1]).

Hochwürdigster Durchlauchtigster!

Dem gnädigsten Befehle zufolge bei Einrichtung der Universitätsstudien aufs Beste der Religion und des Staats Rücksicht zu nehmen, erkühnen wir uns Höchstdenselben Folgendes unterthänigst in der Hoffnung vorzutragen, dass wir dadurch die landesväterliche Absicht erreicht haben werden.

Es ist kein Stand im Erzstift, dessen Ansehen so tief herabgesunken ist als der geistliche und doch keiner hat auf die Bildung des Unterthanon so grossen Einfluss. Der bisherige fehlerhafte oder ganz entbehrte Unterricht, den die Ausübung jener wichtigen geistlichen Pflichten voraussetzt, scheint einzig schuld daran gewesen zu sein; denn entweder erlaubte sich eine Art aus den Geistlichen, als Mönche und Canonici, ohne alle Kenntnisse zu sein, oder eine andere Art, wie die Seelsorger, erhielten den Unterricht in den ihrem Stande unentbehrlichsten Wissenschaften so mangelhaft, dass das Loos für beide Dummheit oder finstere Unwissenheit war. Die Uebel, welche für unsern Staat daraus entstanden, sind unübersehbar. Die dringendste Nothwendigkeit aber, der Geistlichkeit eine ihren Amtsverrichtungen angemessene Bildung zu geben, fühlt jeder, der die mit einem zweckmässigen Religionsunterricht verbundene Glückseligkeit nicht verkennt. Das theologische Studium aus diesem Gesichtspunkte betrachtet, legen wir unsere Gedanken Höchstdenselben zur Prüfung vor.

Der vertraute Umgang, worin die Ordensgeistlichen mit allen Klassen von Bürgern stehen, verschiedene religiöse Handlungen, welche ihre Hülfe nöthig, aber eben desswegen ihren Einfluss auf die Gemüther der Meisten wichtig machen, scheinen es zu billigen, dass man in Verbesserung des theologischen Studiums mit den Ordensgeistlichen anfange.

Aus einer Art von wohlüberdachter Mönchs-Politik haben die Orden ihre Novizen aus den Jünglingen genommen, die das philosophische Studium noch nicht zurückgelegt haben; dieser Kunstgriff vermehrte die Zahl der Mönche ausserordentlich, allein die Folgen davon waren bei den geistlichen Verrichtungen, welche ihnen anvertraut wurden, in ihren Wirkungen für die Meisten desto schädlicher. Es würde daher nöthig sein, keinem Orden Novizen aufzunehmen zu erlauben, die nicht folgende Theile der Philosophie als: Logik, Metaphysik, Physik, Naturrecht und praktische Philosophie dabier gehört hätten. Diese Vorbereitungswissenschaften sind in den Aspiranten vorm Eintritt ins Kloster um so nöthiger, da sie sich ohne diese unmöglich bei dem Vortrag eines einzigen Lehrers zu dem Amte eines brauchbaren Geistlichen geschickt machen können; denn wenn auch die Philosophie in einigen Klöstern gelehrt wird, so ist sie selten so, wie sie sein müsste.

In Ansehung der Weltgeistlichen ist unsere unzielsezliche Meinung, dass die, welche

---

[1]) Von dem nachfolgenden Bericht befindet sich das Concept von Spiegels Hand geschrieben in den Akten der Inauguration der Universität, das dem Kurfürsten selbst übergebene Exemplar in dem Aktenfascikel: Innere Einrichtung und Gesetze der Bonner Universität. Bonner Universitätsbibliothek S. 92 v, b III fol. 10.

von Euer Kurfürstlichen Durchlaucht mit einem beneficio ecclesiastico versorgt sein wollen, dahier nach vorausgesetztem cursum philosophiae, wie die Anlage A zeigt, drei Jahre hindurch die Gottesgelahrtheit hören müssten, und jene, welche sich der Seelsorge widmen wollen, müssten im vierten Jahre ins Seminarium zu Köln gehen, um sich dort ferner in den geistlichen Amtsverrichtungen zu üben. Um aber den Theologie Studirenden die Kosten des Studii zu erleichtern, würde es sehr gut sein, wenn Euro Kurfürstliche Durchlaucht unsern Einheimischen die zu Köln genossenen Stiftungen dahier zu geniessen erlaubten, und da Höchstdero Unterthanen von den geistlichen Pfründen in den Herzogthümern Jülich und Berg und in den preussischen Ländern ausgeschlossen sind, jene Unterthanen aber bisher dahier aufgenommen worden sind, so könnte es ihnen zu einer besonderen Aufmunterung, dahier zu studiren, dienen, wenn ihnen unter der einzigen und ausdrücklichen Bedingung die geistlichen Pfründen zu erhalten gestattet würde, wofern sie ihre Studia Theologica während den drei Jahren auf der hiesigen Universität halten wollten.

Die Ausführung des theologischen Studien-Planes erfordert arbeitsame und gründlich gelehrte Männer. Solchen gehört nicht allein eine hinreichende Besoldung während der Lehrzeit, sondern auch eine Aussicht, dass wenn sie ihre Kräfte durch Studiren verzehrt haben und zum Lehren nicht mehr brauchbar sind, nach zurückgelegten Professuren einiges Auskommen finden. Hierzu ist der Universitätsfond nicht hinreichend; wir schlagen daher Euer Kurfürstlichen Durchlaucht ergebenst vor, die Scholastereien in den Collegiatstiften den theologischen und kanonischen Lehrstühlen (nach dem Sinn der Concilien, wie wir es in der Anlage B zu erweisen gesucht haben) einzuverleiben.

Nach vorangeschickter Art, die Geistlichen zu bilden, wird es Pflicht, zu dem weltlichen Stand überzugehen. Die Lehrart und Studieneinrichtung, welche man jetzt in den hiesigen unteren Schulen einzuführen beginnt, sind so angelegt, dass den Jünglingen die Kenntnisse stufenweise nach ihrem Alter und nach der Entwicklung ihrer Begriffe vorgetragen werden. Damit sie sich von einem Jahr zu dem anderen auf höhere Kenntnisse vorbereitet finden, ist das einzige und wirksame Mittel, dem Staate brauchbare und gründlich gelernte Männer zu ziehen, hingegen ihn von den halbgelehrten und studirten Müssiggängern zu befreien, ergriffen worden, keinen Studirenden im Fortsteigen der Schulen zuzulassen, wenn er nicht in den Kenntnissen, welche Vorbereitungen zu jenen, wonach er strebt, sind, gründlich unterrichtet ist. Nach diesem Grundriss, dem wir schon bei den diesjährigen Prüfungen treu nachgelebt haben, getrauen wir uns Euro Kurfürstliche Durchlaucht unterthänigst zu bitten, das laut Anlage C im J. 1778 erlassene Edict zu erneuern und zu bestimmen, dass

1) Alle, welche sich bei Höchstdero Landesregierung um die Legalität melden wollen, auf hiesiger Universität promovirt sein müssen. Das bei der Doctorspromotion mehrmals vorausgegangene examen rigorosum würde Höchstdero Staaten für die anwachsende Menge unnützer und verderblicher Advokaten bewahren. Die bei der Promotion zu erlegenden Kosten können entweder, wenn es Höchstdieselben befehlen oder es die Armuth des Kandidaten erfordert, auf jeden besonderen Fall nachgelassen werden, oder sie verdienen, wenn der Kandidat einiges Vermögen hat, ihrer Geringfügigkeit wegen keine Rücksicht.

2) Jeder, der sich zu einer Bedienung meldet, müsste nicht allein drei Jahre die höheren Wissenschaften dahier studirt haben, sondern über seinen darin gemachten Fortgang und

über seine Aufführung ein durch den Curator Universitatis unterschriebenes Zeugniss auflegen. Dies ist leicht zu bewirken, weil eine Fleiss- und Sitten-Liste angefangen ist.

3) müsste keinem Professor der höheren Wissenschaften erlaubt sein, einen Kandidaten, wenn er Kurkölnischer Unterthan ist, zu den Vorlesungen zuzulassen, er bescheinige denn, dass er dem ganzen Cursui philosophiae beigewohnt habe.

Nach diesen Voraussetzungen legen wir sub D den Plan zur Vorlesung der höheren Wissenschaften einschliesslich der Philosophie an. Die wir uns zu höchst etc.

Anlage A [1]): Vorschlag zur Einrichtung des theologischen Studiums.

Candidati primi anni müssen hören
 a. das jus naturae
 b. institutiones juris civilis
 c. historiam ecclesiasticam der ersten 9 Jahrhunderte. Der Professor von der Kirchengeschichte muss nach Ostern dreimal in der Woche theologische Literaturgeschichte geben.
 d. orientalische Sprachen und Einleitung ins alte Testament.

Candidati secundi anni hören
 a. historicam ecclesiasticam der folgenden 9 Jahrhunderte
 b. Einleitung ins neue Testament
 c. Dogmatik und Polemik
 d. Moral — Der Moralist muss nach Ostern dreimal in der Woche Patristik geben.

Candidati tertii anni hören
 a. Dogmatik und Polemik
 b. Moral
 c. Pastoraltheologie
 d. Kirchenrecht — Es muss das besondere Kölnische Privat-Land-Recht gegeben und die Theologen im 3. Jahr hierzu angewiesen werden. Der Nutzen ist augenfällig.

Anlage D: Plan

über die Art, wie unsere Einheimischen die höheren Wissenschaften, die Philosophie einschliesslich, studiren müssten.

 Anmerkung. Vorausgesetzt, dass alle bevor ihnen der Zutritt zu den höhern Wissenschaften gestattet wird, die Philosophie studiren müssen.

---

1) Von den nachfolgenden Anlagen findet sich die dem Kurfürsten eingehändigte Reinschrift von A, B und D in dem S. 22 Anmerk. 1 erwähnten Aktenfascikel: Innere Einrichtung etc. fol. 11, das Concept von Anlage A und D in den Akten der Inauguration der Universität. Die hier nicht abgedruckte Anlage B enthält einen ausführlichen, besonders aus Beschlüssen des Tridentiner Concils hergeleiteten Beweis des Satzes: Die Scholastereien müssen künftig an wirkliche Lehrer gegeben werden. Das nach dem Bericht in C beigefügte kurfürstliche Edikt von 1776 s. bei Scotti, Sammlungen der Gesetze und Verordnungen, welche in dem ehemaligen Kurfürstenthum Köln ergangen sind, I, 2 p. 969 n. 722.

Für die Philosophen

1tes Jahr Logik, Metaphysik und Naturrecht.
2tes Jahr Physik und die reine Mathematik, nebstdem die praktische Philosophie.

Für Juristen.

1. Kurs.
- 1. Halbjahr.
  - Jus naturae
  - historia Juris Romani
- 2. Halbjahr.
  - Institutiones juris civilis
  - Reichsbistorie
  - Kichen-Geschichte der ersten 9 Jahrhunderte

2. Kurs.
- 1. Halbjahr.
  - Pandekten
  - Criminale
  - Kirchen-Geschichte der zweiten 9 Jahrhunderte
- 2. Halbjahr.
  - Pandekten
  - Jus Germanicum et
  - Feudale

3. Kurs.
- 1. Halbjahr.
  - Pandekten
  - jus publicum Germaniae
  - jus publicum Ecclesiasticum
- 2. Halbjahr.
  - jus Ecclesiasticum privatum
  - Pandekten
  - practicum

Für die Kameralisten.

1. Kurs.
- 1. Halbjahr.
  - jus naturae
  - Mathematik
    - a. Algebra
    - b. Geometrie
    - c. Trigonometrie
- 2. Halbjahr.
  - Naturgeschichte
  - Mathematik { Nivelliren und die Anwendung der im Winter gegebenen Theile der Mathematik

2. Kurs.
- 1. Halbjahr.
  - Kameral- und Finanz-Wissenschaft
  - Mathematik
    - a. Mechanik
    - b. Hidraulik
    - c. bürgerliche Baukunst, in so weit sie nöthig ein Gebäude zu beurtheilen.
- 2. Halbjahr.
  - Kameral- und Finanz-Wissenschaft
  - Mathematik
    - a. die Art wie ein Anschlag
    - b. Baurisse und geometrische Plane zu verfertigen.

3. Kurs. { 1. Halbjahr. { Kameral- und Finanz-Wissenschaft / Statistik
       { 2. Halbjahr. { Kameral- und Finanz-Wissenschaft / Mineralogie und Metallurgie

Für die Mediciner¹).

1. Kurs. { 1. Halbjahr. { Anatomie und Chemie / Materia medica und historia medica
       { 2. Halbjahr. { Materia medica / Botanik / Physiologie / Chirurgie

2. Kurs. { 1. Halbjahr. { Anatomie / Physiologie / Pathologie / Semiotik / Diätetik / Therapeutik
       { 2. Halbjahr. { Botanik / Chirurgie / Geburtshülfe, Formulare und Pharmaceutik

3. Kurs. { 1. Halbjahr. { Praxis — Klinik — Medicina forensis / Operationes Chirurgicae — Medicina Veterinaria
       { 2. Halbjahr. { Politia medica — praxis — Augenkrankheiten und praktische Geburtshülfe

2. Bemerkungen des Kurfürsten zu dem Bericht des Akademieraths²).

Auch liebe Andächtige und Getreue habet Ihr uns in einem besonderem Bericht vom 23. v. M. näher vorgeschlagen: dass

1) von den Klostergeistlichen keine Novizen anzunehmen wären, welche nicht bereits die Logik, Metaphysik, Physik, Naturrecht und praktische Philosophie gehört hätten. Diesen Punkt wollen wir noch zur Zeit beruhen lassen. Hingegen nehmen wir keinen Anstand zu genehmigen, dass

2) den hier studirenden Theologen erlaubt werde, die zu Köln bezogenen Stiftungen hier zu geniessen.

3) Scheint es uns billig zu sein, und wird durch ein Edict bekannt gemacht werden,

---

1) Der nachfolgende Plan für die Mediciner wurde, wie die Bemerkungen des Kurfürsten ergeben, erst später hinzugefügt. Aus den Akten der Inauguration der Universität ist zu ersehen, dass der Entwurf desselben von Kauhlen herrührt.

2) Abgedruckt nach der dem Akademierath eingehändigten Reinschrift in den Akten der Inauguration der Universität. Das Concept der Bemerkungen findet sich in dem mehrerwähnten Aktenfascikel: Innere Einrichtungen und Gesetze etc. fol. 15.

dass die Kurkölnischen Unterthanen zu keiner geistlichen Pfründe im Lande gelangen sollen, wofern selbe nicht ihre Studia theologica drei Jahre lang auf der hiesigen Universität gehalten haben. Wir wollen aber auch diesen Punkt noch zur Zeit und noch bis nach eingeführter Universität um so mehr beruhen lassen, als es für den diesjährigen Cursum ohnehin zu spät ist.

4) Bemerken wir auch auf Euren Antrag, nämlich: damit die Scholasterien der Collegiatstifter den hiesigen theologischen und kanonischen Lehrstühlen einverleibt würden, dass die Scholasterien die Lehren in den Stiftspflichten zum Zwecke haben, die Scholastici auch hierzu angehalten, nicht aber zu Professoren auf der hiesigen Universität gezwungen werden können.

Ad 5) wegen Erneuerung der Landesverordnung von 1778 nehmen wir keinen Anstand hierunter und wollen, dass auch für die Juristen die Zeit des Studiums auf drei Jahre bestimmt werde.

6) sollen die angeführten Zeugnisse von dem Decano und Professoren, bei denen der Kandidat die Collegia gehört, unterzeichnet werden.

Den 7. Punkt belangend geben wir unsern gnädigsten Beifall, dass keinem Professor erlaubt werde einen kurkölnischen Kandidatum zu den Vorlesungen zuzulassen, wenn er nicht den ganzen Cursum Philosophie gehört hat und über seine Kenntnisse Attestatum beibringen kann.

Was hingegen das theologische Fach angeht, scheint uns für das erste Jahr ad a das Collegium juris naturae überflüssig, indem die Kandidaten solches nach dem Plan bereits in Philosophia gehört haben. Ad b sind die Institutiones iuris civilis dem Theologen nicht nöthig und werden dergleichen halbgelehrte Iuristen gar oft schädliche Processkrämer. Hingegen sind die Theologen vor Allem anzuweisen: im ersten Jahre die Einleitung in das alte und neue Testament, orientalische Sprachen, christliche Moral und die ältere Kirchengeschichte, theologische Literatur zu studiren; in dem zweiten Jahr Moral, Dogmatik, Polemik und die neuere Kirchengeschichte; das dritte Jahr Moral, Dogmatik, Pastoraltheologie, Katechetik, Paedagogik, geistliche Beredsamkeit und das Kirchenrecht.

Bei dem juristischen Plan mögen wir auch nicht unberührt lassen, dass, da sich ein so starker Mangel an Publicisten äussert, das letzte Jahr durch zwei Kurse das jus publicum gehört werden möchte. In Betreff des Plans für die Kameralisten kann noch zur Zeit nichts bestimmt werden, indem zu dieser Wissenschaft noch kein Professor angestellt ist[1].

---

1) Das Folgende enthält nur die Aufforderung nach diesen Bemerkungen die eingeschickten Vorschläge abzuändern und ausserdem einen Studienplan für die Mediciner vorzulegen.

V. Zwei Schreiben des Kölner Domcapitels an den Kurfürsten die Einweihung der Bonner Universität betreffend ¹).

1. Schreiben des Domcapitels vom 18. October 1786.

Was gestalten Eure Kurfürstliche Durchlaucht gnädigst entschlossen sind, in künftigem Monat November die dasige Akademie als eine Universität öffentlich bekannt machen zu lassen, und dass Höchstdieselben zu dessfalsiger Feierlichkeit uns danknehmigst einzuladen geruhen: ein solches haben wir aus Euer Kurf. Durchlaucht gnädigstem Schreiben vom 13. d. gehorsamst zu entnehmen gehabt.

Obgleich wir nun einer Höchsttieferen Einsicht unterthänigst anheim belassen müssen, ob und wie weit die bei Einrichtung sothaner Universität hegende gnädigste Absichten denen vorliegenden Umständen nach ihrem gedeihlichen Endzweck zur allgemeinen Wohlfahrt wirksam erreichen mögen: so leben wir jedoch der zuversichtlichen Hoffnung und bitten ganz angelegentlichst Euer Kurf. Durchlaucht mildest geruhen wollen, allsolch-besielende Einrichtung zum Beschwer und Belast Höchstdero Untergebenen und besonders der getreuesten Geistlichkeit in der Folge auf keine Weise hinkommen zu lassen.

Die wir etc.

2. Schreiben des Domcapitels vom 16. November 1786²).

Auf von Euer Kurf. Durchlaucht an getreueste Landstände hiesig — Rheinischen Erzstiftes eingelangt mit aller Danknehmigkeit von uns mit zu verchrendes gnädigstes Einladungsschreiben zu denen dasigen Universitäts Feierlichkeiten sollen wir zu Bezeugung unserer schuldigst zu tragender wahren Devotion gehorsamst obnermangeln, eins mit weltlichen Ständen, per Deputatos, aus unseren Mitteln dabei gebührend zu erscheinen und aufzuwarten.

Gleichwie wir aber auf jenes an uns in selbigem Belang besonders erlassenes huldreichigstes Einladungsschreiben vermittels gehorsamster Antwort vom 18. Octobris nächsthin uns nicht haben entübrigen mögen, nicht allein einer Höchsttieferen Einsicht die Errichtung des bei Errichtung einer neuen Universität gnädigst hegenden Endzwecks den vorwaltenden Umständen nach unterthänig anheim zu belassen, sondern auch angelegentlichst gebeten haben, sothane Universitäts-Veranstaltung zum Beschwer und Belast Höchstdero Untergebenen und besonders der getreuesten Geistlichkeit in der Folge nicht gereichen zu lassen, also können wir auch nicht umhin sein, desfalsigen Inhalt respektvollst zu wiederholen und uns die Erlaubniss auszubitten, hiermit näher gehorsamst vorstellen zu dürfen, wie sehr schmerzlich es uns falle, dass dieses hochwichtige Werk, ohne Höchst sich darüber mit Uns in hergebrachtem Vertrauen einigermassen zu benehmen, vorgenommen worden sei, also dass uns so wenig ob der eigentlichen Einrichtung allsolcher Universität als auch davon, auf welchem Grunde dieselbe beruhen solle, das mindeste bekannt, dahingegen aber kundig sei, dass in

---

1) Abgedruckt nach den Originalen in dem Aktenfascikel: Einweihung der Bonner Universität, Bonner Universitäts-Bibliothek S. 92 b II fol. 2 und 6.
2) Von diesem Schreiben lag mir auch eine Abschrift der von Metternich an Kaunitz übersandten Copie vor. Vgl. Nro. VI.

hiesiger Höchstdero Metropole der wahre Universitätssitz, seiner ursprünglichen Institution nach, von jeher gewesen und bis hiehin verblieben, mithin gleichwie dieselbe von Päbsten und Kaisern bestätigt, also auch seitlichen Herren Erzbischöfen und Kurfürsten zu Köln die Pflege und Aufsicht darüber, besonders vom Kaiser Karl dieses Namens dem V., Inhalts Decretorum Concilii provincialis sub Archiepiscopo Adolpho besonders anempfohlen worden; zudem weiset es die Stiftung Universitatis Studii Coloniensis des mehrern nach, welchergestalten ein zeitlicher hiesiger Dompropst als Cancellarius selbiger Universität für ewige Zeiten angeordnet und dieser das Pro-Cancellariat-Amt Einem aus unsern Mitkapitularen jeder Zeit aufzutragen habe; folgschliesslich dann, wenn diese uralte Gerechtsame in Untergang kommen und solches dadurch unter anderen veranlasst werden sollte, dass jene, welche auf hiesiger und nicht dasiger Universität graduirt sind, von allen vortheilhaften Beförderungen im Erzstift ausgeschlossen seien, wir und unsere Nachkommen darüber höchlich zu doliren die gerechteste Ursache hätten, bevorab wo hiesige Universität nicht allein Authoritate Caesarea, sondern auch Pontificia, wie bei allen katholischen Universitäten hergebracht, einmal errichtet; dahingegen dortige Universität vermöge des Allerhöchst-Kaiserlichen Diploms ohne Beifügung eines Päbstlichen inaugurirt werden soll, unangesehen, dass ein Päbstliches Diplom zu Graduirung in der Gottesgelehrtheit und geistlichen Rechten, fort zu Befähigung zu geistlichen Würden unumgänglich erfordert werde.

Eure Kurfürstliche Durchlaucht werden solchemnach nochmalen inständigst gebeten, Höchstdieselben geruhen wollen, diese ferner in aller Ehrfurcht unterthänig vorgestellte Umstände in gnädigste Rücksicht zu nehmen, somit die Vorsehung Fürstväterlich zu thun, dass der Gefahr einer oder anderer immer bedenklicher Folge und Benachtheiligung vorgebogen, sodann auch durch untergebene Veranstaltung für itzo nicht allein, sondern auch bei künftigen Zeiten und Regierungen dem Lande und Unterthan und besonders der Geistlichkeit neue Lasten und Beschwerden aufzubürden kein Anlass gegeben werde.

In dessen gänzlicher unterthänigen Zuversicht wir etc.[1])

VI. Depesche des Kaiserlichen Gesandten Graf Metternich an Fürst Kaunitz, Koblenz den 25. November 1786[2]).

Meine letzthin bereits gehorsamst angezeigte Reise nach Bonn, die allda vorgewesene Einweihungsfeierlichkeit der dortigen Universität und der vorgestern gehaltene förmliche Einzug Sr. Kurfürstl. Durchlaucht von Trier in das neuerbaute Schloss, bei welcher Gelegenheit sich auch Se. Kurfürstl. Durchlaucht von Köln und mehrere andere Fremden eingefunden haben, sind die Ursachen, dass ich meine bisherigen Berichterstattungen einige Tage unterbrochen habe. Beide Ereignisse haben sich indessen so zugetragen, wie ich hierüber Euer fürstl. Gnaden schuldigst schon zuvorgekommen bin. Nur finde ich in Betreff des erstern Folgendes noch gehorsamst nachzutragen. Bei dem besonderen Vergnügen, welches Se. Königl. Hoheit über die Zustandebringung einer hohen Schule zu Bonn in vielen Gele-

---

1) Auf der Rückseite des Schreibens ist bemerkt: Wäre unbeantwortet zu lassen. Bonn den 27. November 1786.
2) Nach einer in Wien gefertigten Abschrift für den Verein von Alterthumsfreunden im Rheinland.

genheiten geäussert, auch in einer von Höchstihnen selbst abgehaltenen wohlverfassten öffentlichen Rede die hierzu eingetretene Kaiserliche Allerhöchste Unterstützung mit der aufrichtigsten Theilnahme sehr erhoben haben, erachtete ich nicht unschicklich, diesen Zeitpunkt als eine ungezwungene Veranlassung zu benutzen, Höchstselben in einer eignen anverlangten Audienz zu der glücklichen Ausführung dieser Sache auch Namens des Allerhöchsten Hofes Glück zu wünschen, welche Aufmerksamkeit mit einem merkbaren vorzüglichen Wohlgefallen aufgenommen worden ist. Was das Domcapitel zu Köln bei diesem Vorgang an Se. Kurfürstl. Durchlaucht zu erlassen für gut befunden hat, geruhen Euer fürstl. Gnaden aus der mir zur vertrauten Einsicht mitgetheilten abschriftlich beikommenden Anlage[1]) zu ersehen, derselben gedrängter Inhalt in mehrerm Betracht verfänglich ist. Einen ganz besondern, mir erst itzt zur Kenntniss gekommenen Umstand kann ich nicht unbemerkt lassen, dass die Lehrer der

VII. Universitäts-

1. Summarischer Auszug der

vom 1ten November 1786

Empfang.	Alter Rückstand		Neue Einkünfte		Empfangen		Restirt	
	Rthl.	Str.	Rthl.	Str.	Rthl.	Str.	Rthl.	Str.
Kassen-Vorrath aus vorigem Jahre	—	—	5726	38	5726	38	—	—
Von Zinsen der Kapitalien	330	—	8044	16	7922	22	451	55
Von den Kloster-Beiträgen	100	—	6410	—	6274	10	235	50
Von Grund- und andern Pachten	266	14	423	38	415	9	274	43
Von abgelegten Kapitalien	—	—	25390	47	{26227	7	—	—
Von derselben Agio	—	—	886	20			—	—
Von verspäteten Zinsen-Zahlungen und sonstigem Aufgelde	17	20	79	14	68	14	28	20
Von allerhand Gefällen	189	35	12320	57	12262	30	248	2
	903	11	59231	52	58896	12	1238	50

[1]) S. No. V 2.
[2]) Abgedruckt nach den auf der Bonner Universitätsbibliothek aufbewahrten Akten S. 92 o. IV no. 17, 23, 25 und m. XXXII no. 24. Leider finden sich aus den Jahren nach 1793 keine Rechnungen mehr in diesen Akten, während uns dieselben noch eingehender als über die Universität über die finanziellen Verhältnisse der

Theologie und geistlichen Rechte auf der Stadt Kölner Universität einen Eid dahin abschwören mussten, nur solche Sätze zu lehren, welche jenen des Römischen Hofes und dessen Curialisten angemessen seien; ebenso wurden die Lehrer der weltlichen Rechte verpflichtet die Kurkölner Land- und Statutarrechte in allen Anlässen zu bestreiten.

Um übrigens dem dermaligen Vorschritt Sr. Kurfürstl. Durchl. eine gehässige Gestalt zu geben, hat man den sämtlichen Clerus des Erzstiftes, unter dem Vorwand, dass demselben wegen der errichteten Universität eine neue Auflage bevorstünde, in eine solche Aufmerksamkeit versetzet, dass derselbe sich wirklich versammlet hat, um zu Abwendung dieses Vorhabens gemeinsame Maassregeln zu ergreifen, allein diese Besorgniss ist, wie ich verlässig weiss, ganz ohne Grund und lediglich eine auf ungleichen Absichten beruhende Erdichtung. Ich bin u. s. w.

Rechnungen*).

Universitätsrechnung

bis 31ten October 1787.

Ausgabe.	Alter Rückstand		Neue Schuld		Zahlt.		Restirt	
	Rthl.	Str.	Rthl.	Str.	Rthl.	Str.	Rthl.	Str.
An Professoren-Gehälter	—	—	7813	27 ¹/₂	7813	27 ¹/₂	—	—
An allerhand Gehälter	50	—	1108	56	1158	56	—	—
An Exjesuiten-Pensionen	—	—	808	20	258	20	50	—
An arme Studenten	—	—	16	—	16	—	—	—
An Brand und Licht	—	—	514	9 ¹/₂	514	9 ¹/₂	—	—
An Mobilien	—	—	525	47 ¹/₄	525	47 ¹/₄	—	—
An Bücher und Instrumenten	—	—	169	9 ¹/₂	169	9 ¹/₂	—	—
An Bauwesen	—	—	758	41 ¹/₄	758	41 ¹/₄	—	—
An Schulwesen	—	—	844	2 ¹/₄	844	2 ¹/₄	—	—
An Weinbau- und Kellerkosten	—	—	134	55 ¹/₄	134	55 ¹/₄	—	—
An angelegte Kapitalien	—	—	40150	—				
An Aufgeld wegen ¹/₂ m. pr. Fl. Turner Kurs	—	—	136	20	40286	20	—	—
An die Anatomie	—	—	162	5	162	5	—	—
An allerhand	69	52 ¹/₄	6188	8	6258	— ¹/₄	—	—
Bleibt in Kassa	—	—	—	—		17	—	—
	119	52 ¹/₄	68825	2 ¹/₄	58896	12 ²/₄	50	—

Akademie unterrichten. Auf dem Bonner Stadtarchiv wird ausserdem ein Blatt aufbewahrt, das über die „Salarien bei der Bönnischen Universität von 1794" Auskunft gibt; dies ist schon früher abgedruckt von Meuser, Niederrheinisches Jahrbuch 1844 S. 171.

2. Summarischer Auszug der
vom 1ten November 1790

Empfang.	Alter Rückstand		Neue Einkünfte		Empfangen		Restirt	
	Rthl.	Str.	Rthl.	Str.	Rthl.	Str.	Rthl.	Str.
Von Zinsen der Kapitalien . . .	546	44 ¹/₈	11329	1 ¹/₄	10967	25	—	008 21 —
» Kloster-Beiträgen . . .	204	10 —	6410	—	6158	38 ¹/₈	455	31 ¹/₈
» Grund- und andern Pachten	261	52 —	778	35 —	709	10 —	291	17 —
» abgelegten Kapitalien. . . .	—	— —	56822	15 —	56822	15 —	—	— —
» aufgenommenen Kapitalien . .	—	— —	—	—	—	—	—	—
» verspäteten Zinsen-Zahlungen und sonstigem Aufgelde . .	48	8 —	110	1 ¹/₂	151	— ¹/₂	7	9 —
» allerhand Gefällen	4935	10 ¹/₂	2209	31	2088	21	5056	20 ¹/₄
geglichene Zahl	6010	4 ¹/₄	77659	24 —	76956	50 —	6718	38 —

3. Summarischer Auszug der
vom 1ten November 1791

Empfang.	Alter Rückstand		Neue Einkünfte		Empfangen		Restirt	
	Rthl.	Str.	Rthl.	Str.	Rthl.	Str.	Rthl.	Str.
Vorrath aus vorigem Jahre . . .	—	— —	1630	5 ¹/₂	1630	5 ¹/₂	—	— —
Von Zinsen der Kapitalien . . .	921	21 —	21595	23 ¹/₂	21973	24 —	543	20 ⁸/₄
» Kloster-Beiträgen	455	31 ¹/₈	12820	— —	10774	4 —	2501	37 ¹/₈
» Grund- und andern Pachten .	147	49 ¹/₈	1455	3 ¹/₄	1437	28 ¹/₂	165	24 —
» abgelegten Kapitalien . . .	—	— —	97894	6 ¹/₈	97894	6 ¹/₈	—	— —
» Aufgeld hiervon	—	— —	437	56 —	437	56 —	—	— —
» aufgenommenen Kapitalien . .	—	— —	51659	48 —	51659	48 —	—	— —
» verspäteten Zinsen-Zahlungen .	7	9 —	306	42 ¹/₂	298	51 ¹/₂	15	— —
» verkauften Sachen	4880	21 ¹/₂	1100	14 ¹/₂	5336	20 —	644	16 —
Insgemein	230	35 ⁶/₈	5840	43 ¹/₂	5819	37 ¹/₈	251	41 ¹/₈
geglichene Zahl	6642	48 ¹/₄	194740	3 —	197361	41 ¹/₂	4121	9 ⁷/₈

Universitäts-Rechnung
bis 31ten October 1791.

Ausgabe.	Alter Rückstand Rthl.	Str.	Neue Schuld Rthl.	Str.	Zahlt Rthl.	Str.	Restirt Rthl.	Str.
Die Kasse blieb voriges Jahr schuldig	—	—	73	50	73	56	—	—
An Professoren-Gehälter	—	—	9528	40	9495	20	83	20
» allerhand Gehälter	—	—	1187	16 ¹/₂	1187	16 ¹/₂	—	—
» Exjesuiten-Pensionen	150	—	293	20	393	20	50	—
» Brand und Licht	—	—	398	18 ¹/₂	398	18 ¹/₂	—	—
» Mobilien	—	—	64	50	64	50	—	—
» arme Studenten	—	—	24	1 ¹/₂	24	1 ¹/₂	—	—
» Bücher und Instrumenten	—	—	220	48 ¹/₂	220	48 ¹/₂	—	—
» Bauwesen	—	—	466	51 ³/₄	466	51 ³/₄	—	—
» Weinbau- und Kellerkosten	—	—	104	55 ³/₄	104	55 ³/₄	—	—
» Schulwesen	—	—	1804	14 ¹/₂	1804	14 ¹/₂	—	—
» Passiv-Kapitalien und Zinsen	27038	14 ¹/₂	346	37 ¹/₂	2263	17 ¹/₂	25121	34 ¹/₂
» angelegte Kapitalien	—	—	57057	25	57657	15	—	—
» die Anatomie	—	—	499	15 ¹/₂	499	25	—	—
» » Botanik	—	—	263	20	263	20	—	—
» » mineralische Chemie	—	—	141	44 ³/₄	141	44 ³/₄	—	—
» allerhand	—	—	267	49	267	49	—	—
In Kassa bleibt übrig	—	—	—	—	1630	5 ¹/₄	—	—
	27188	14 ¹/₂	79343	24			25204	64 ¹/₂
geglichene Zahl					76856	50		

Universitäts-Rechnung
bis 31ten October 1793.

Ausgabe.	Alter Rückstand Rthl.	Str.	Neue Schuld Rthl.	Str.	Zahlt Rthl.	Str.	Restirt Rthl.	Str.
An Professoren-Gehälter	33	20	19757	49	19791	9	—	—
» allerhand Gehälter	—	—	2049	39	2049	39	—	—
» Exjesuiten-Pensionen	50	—	586	40	586	40	50	—
» arme Studenten	—	—	28	48 ¹/₂	28	48 ¹/₂	—	—
» Brand und Licht	—	—	721	49 ¹/₂	721	49 ¹/₂	—	—
» Mobilien	—	—	70	35 ³/₄	70	35 ³/₄	—	—
» Bücher und Instrumenten	—	—	398	21 ³/₄	398	21 ³/₄	—	—
» Bauwesen	—	—	945	38 ⁵/₄	945	38 ⁵/₄	—	—
» Weinbau- und Kellerkosten	—	—	294	36	294	36	—	—
» Schulwesen	—	—	1047	32	1047	32	—	—
» die Anatomie	—	—	876	6 ¹/₄	876	6 ¹/₄	—	—
» » Botanik	—	—	591	37	591	37	—	—
» » Chemie	—	—	157	29	157	29	—	—
» Kapitalien-Anlage	—	—	115456	24 ¹/₂	115456	24 ¹/₂	—	—
» Passiv Kapitalien-Anlage	25121	34 ¹/₂	53298	9	40096	13	36423	80 ¹/₂
» Zinsen von Passiv-Kapitalien	—	—	457	20	457	20	—	—
Insgemein	—	—	3490	1 ¹/₂	3490	1 ¹/₂	—	—
In Kassa bleiben	—	—	—	—	9209	40	—	—
	25204	64 ¹/₂	199230	37 ¹/₂			36473	80 ¹/₂
geglichene Zahl					197961	41 ¹/₂		

4. Bericht des Curator Spiegel über Professorengehalte im Jahre 1790/91 [1]).

Namen der Lehrer.	Gehalt Gegenwärtig Rthl. Str.		Zukünftig Rthl. Str.	
Theologische Facultät.				
Dogmatik Becker } Werden vom Orden unterhalten	—	—	300	—
Kirchengeschichte Spitz	—	—	300	—
Pastoral-Theologie Scheben	—	—	300	—
Exegetik Uldaricus	200	—	300	—
Moral Schallmeyer	100		300	—
Dem Kloster	50	—		
Juristische Facultät.				
Professor Juris publici Schmitz	1000	—	800	—
» Pandectarum Daniels	800	—	800	—
» » Stupp	300	—	400	—
» Intitut. Juris Canonici Hedderich	333	20	400	—
» Institutionum Brewer	333	20	—	—
» Juris Crim. et Naturae Fischenich	400	—	400	—
» Juris Feud. et Germaniae Moll	333	20	400	—
Medicinische Facultät.				
Professor der Pathologie Ginetti	1333	20	500	—
» » Physiologie Kauhlen	266	40	500	—
» » Botanik	—	—	—	—
» » Anatomie Rougemont	766	40	600	—
» » Geburtshülfe und Chirurgie Wegeler	800	—	400	—
» » Chemie Wurzer	—	—	400	—
Philosophische Facultät.				
Professor der Logik und Metaphysik	150	—	400	—
» » Physik	150	—	400	—
» » Geometrie	100	—	—	—
» » Psychologie Apel	163	—	—	—
» » Kameralwissenschaft	450	—	400	—
» » Bergbankunde Arndts	400	—	400	—
» » Geschichte und Diplomatik	—	—	400	—
Der jetzige Lehrer der Diplomatik Cramer, wird vom Orden unterhalten.				
Gymnasium.				
Direktor Oberthür	406	—	—	—
Das Directorium könnte einem aus den Lehrern des Gymnasii gegeben werden und betrüge künftig	—	—	100	—
Magister der ersten Trivial-Schule Vrange	40	—	100	—
» » zweiten » » Gareis	200	—	200	—
Lehrer der ersten Schule im Gymnasio oder dritten der unteren Schulen Werner	241	—	250	—
» » zweiten Schule im Gymnasio oder vierten der unteren Schulen vacat	219	20	250	—
» » dritten Schule im Gymnasio oder fünften der unteren Schulen Schmitz	246	80	250	—
» » Elementar-Mathematik für das Gymnasium Hanf	196	—		
Wenn ihm aufgetragen würde, die reine und angewandte Mathematik öffentlich vorzutragen, die Sandfort sonst lehrte	—	—	300	—
Hanser, Professor der Geschichte und Geographie (weil jeder aus den drei Lehrern so viel Anleitung darin vorzutragen wissen muss, als die Schüler im Gymnasio nöthig haben so könnte diese Stelle künftig eingehen)	188	50	—	—
Französischer Sprachmeister (ist im Gymnasium ein ganz unbrauchbarer Lehrer)	100	—	—	—
	9767	20	10550	—

1) Curator Spiegel von Desenberg verfertigte in einem ausführlichen Bericht vom 18. März 1792 die in Vorstehendem abgedruckte Rechnung des Jahres 1790/91, bei welcher der Kurfürst verschiedenes monirt und übersandte als Anlage desselben den nachfolgenden „Besoldungsetat; auch bemerke ich hierbei, welche Stellen meinem Bedenken nach eingehen können".

Anmerkung. In der theologischen Facultät habe ich für die 3 Lehrer Spitz, Scheben und Becker zusammen 900 Rthl. ausgeworfen; dies würde nur alsdann der Fall sein, wenn die Klöster nicht mehr im Stande wären, ein dem Lehrfach angemessenes Subjekt zu stellen; alsdann aber müssten die Klöster, welche bisher die Lehrer aus ihrem Gremium gestellt haben, einen dem Gehalte angemessenen Geld-Beitrag leisten. Ebenso versteht sich, dass ein anzustellender Lehrer der Geschichte und Diplomatik so lange ex aerario universitatis gezahlt werden müsste, als der Cramer hier existiren würde, nachher aber müsste Braunweiler so viel an Geld beitragen, als der Lehrer der Geschichte Gehalt erhalten würde.

VIII. Zwei Vorlesungsverzeichnisse der Bonner Universität.[1]

1. **Vorlesungen, welche von Anfange Novembers 1789 bis Ende Septembers 1790 auf der hohen Schule zu Bonn gehalten werden.**

Gottesgelehrtheit.

H. Dr. Spitz liest über Berti Kirchengeschichte vor von 7—8.

H. Dr. Becker lehrt die Dogmatik mit Polemik verbunden nach Gazzaniga und Bertieri von 2—3. Derselbe gibt auch besonders die polemische Geschichte über die augsburgische Konfession mit Anwendung auf unser katholisches Kirchensistem.

H. Dr. Thaddäus vom h. Adam hält Montags, Mittwochs und Freitags von 11—12 hermeneutische Vorlesungen über das alte Testament. An den übrigen Tagen gibt er die Anfangsgründe der orientalischen Sprachen. Auf Verlangen gibt er auch Privatvorlesungen über das neue Testament.

Die Moral trägt H. Dr. Justinian Schallmoier von 8—9 und nach Ostern die Patrologie vor.

H. Dr. Scheben gibt die Pastoraltheologie von 3—4 nach Giftschütz.

Nach eben demselben wird H. geistl. Rath Dr. Oberthür Mittwochs und Freitags Anleitung zur Katechetik und Pädagogik geben. Montags und Dienstags wird derselbe die Literärgeschichte der Theologie, und die Einleitung in dieselbe vortragen.

Rechtsgelehrheit.

H. Dr. Brewer gibt bis Ostern das Naturrecht und die Geschichte des bürgerlichen Rechts von 11—12 Uhr. Nach Ostern aber um die nämliche Stunde die Institutionen nach

---

[1] Von den Lectionskatalogen unserer Universität sind handschriftlich erhalten in dem Aktenfascikel: Lehrwesen und Lehrpläne (Bonner Universitätsbibl., S. 92 d. VI fol. 30 und 31) die Verzeichnisse für die Jahre 1787/88 und 1788/89; Exemplare der im Druck ausgegebenen officiellen Verzeichnisse für die Jahre 1789/90, 1792/93, Winter 1797/98 befinden sich in einem Sammelband der Bonner Universitätsbibliothek (Ab 1227) derjenigen für die Jahre 1790/91, 1792/93, Winter 1795/96 im Besitz des Herrn Kammergerichtspräsidenten Lamberts in Bonn, welcher mir dieselben gütigst mitgetheilt. Ausserdem sind die Kataloge der Jahre 1786—1794 abgedruckt im Bönnischen Intelligenzblatt, das einmal wöchentlich vom Juni 1785 bis 19. September 1794 erschien. Die beiden nachfolgenden Verzeichnisse, deren erstes Deresser, Eulogius Schneider, Jochmaring, van Schüren noch in Thätigkeit zeigt, in deren zweitem die später angestellten Professoren Neeb, Fischenich u. A. begegnen, zusammengenommen mit den nachfolgenden Tabellen über die Frequenz der Universität schienen am Geeignetsten, die Wirksamkeit der Bonner Universität zu veranschaulichen.

der Höpfner'schen Ausgabe von Heineccius. Das deutsche Recht wird er Nachmittags von 3—4 nach Selchow privat vorlesen.

Die Pandekten lehrt Herr Hofrath Dr. Daniels nach Böhmer im Winter und Sommer Morgens von 8—9. Ueber die Theorie des Civilprozesses liest derselbe Nachmittags von 4—5 dreimal die Woche, und die andern Tage über die gerichtlich- und aussergerichtliche Praxis. Auch gibt er über Wechsel- und Privat-Fürstenrecht nach Selchow Privatvorlesungen in näher anzuzeigenden Stunden.

H. Dr. Moll wird über das Kriminalrecht im Winter nach S. Fr. Böhmer, und über das Lehnrecht des deutschen Reichs und kölnischen Landes im Sommer nach G. L. Böhmer von 11—12 Vorlesungen halten. Er wird auch auf Verlangen über die nämlichen Gegenstände Privatvorlesungen geben.

Herr Hofrath Werner liest im ersten Halbjahr die Reichsgeschichte öffentlich von 8—9 das deutsche Staatsrecht aber privat — im zweiten Halbjahr die Reichsgeschichte privat, und das deutsche Staatsrecht öffentlich nach Pütter vor.

Herr geistlicher Rath Dr. Hedderich lehrt das kanonische Recht nach der zweiten verbesserten Ausgabe seines eigenen Handbuchs von 10—11. Auch wird derselbe Montags, Mittwochs und Freitags von 2—3 Privatvorlesungen geben nach dem Entwurf eines geistlichen Staats- und Privatrechts für das katholische Deutschland, ganz den heutigen Umständen angemessen, in welchem er ferner die Litteratur des deutschen Kirchenrechts anzeigen, und seine Zuhörer mit den besten Schriftstellern bekannt machen wird.

H. Dr. Cramer wird die deutsche Reichsgeschichte nach Pütters deutscher Reichsgeschichte in ihrem Hauptfache entwickelt, täglich von 9—10 vorlesen, und dabei an gehöriger Stellen die besondere kölnische Kirchen- und Landesgeschichte einschalten. Nach Ostern lehrt er nach Gregor Grubers Lehrsistem einer allgemeinen Diplomatik Montags, Mittwochs, und Freitags von 3—4 die Diplomatik, wozu jedoch die Zuhörer auchdes Joachims Einleitung in die deutsche Diplomatik gebrauchen können.

Arzneigelehrtheit.

H. Geheimrath Dr. von Ginetti lehrt täglich von 11—12 die Physiologie, Montags und Freitags im Winter die Semiotik, im Sommer die Botanik von 4—5.

H. Hofrath Dr. Kaublen trägt die Pathologie täglich von 10—11 vor; auch gibt derselbe Vorlesungen über die medizinische Praxis. Derselbe wird wöchentlich dreimal über die medizinische Polizei, und zweimal in der Woche über das Receptschreiben Privatvorlesungen halten.

H. Dr. Rougemont lehrt im Winter die Anatomie und chirurgischen Operationen von 2—3¹/₂ Uhr. Es wird auch freie Uebung im Zergliedern gestattet. Im Sommer lehrt derselbe fünfmal in der Woche um die nämliche Stunde die Chirurgie; auch gibt er im Sommer von 7—8 zweimal die Woche über venerische, und die übrigen Tage über Augenkrankheiten besondere Vorlesungen. Privat liest er im Sommer über die Geburtshülfe.

Herr Wegeler wird in einer noch zu bestimmenden Stunde die Geburtshülfe erklären, so dann privat Vorlesungen über die Medicin forensis halten.

Philosophie.

H. Dr. van der Schüren liest den Kandidaten des ersten Jahres Logik und Metaphysik über Feder vor des Morgens von 8—9, und Nachmittags von 2—3. Gibt auch Privatvorlesungen über das Natur- und Völkerrecht im Winter und im Sommer über die Kantische Philosophie.

H. Dr. Jochmaring lehrt die Kandidaten des zweiten Jahres die Physik nach Bruchhausen von 8—9 des Morgens, und des Nachmittags von 2—3 die höhere Mathematik.

H. Dr. Apel hält von 9—10 in der Moralphilosophie nach Feders Handbuch Vorlesungen. Auf Verlangen wird er auch in der Psychologie, und praktischen Philosophie Privatvorlesungen geben. Ferner hat er sich erboten täglich 2 Stunden den untern Schulen die Seelenlehre zu erklären.

H. Dr. Lieut. Sandfort lehrt die angewandte Mathematik im Winter von 10—11, und im Sommer führt er die Kandidaten an, Gegenden aufzunehmen.

H. Hofkammerrath Dr. Scheidler hält von 9—10 Vormittags öffentliche Vorlesungen über die Staatswirthschaft nach seinem eigenen herausgegebenen Lehrplane. Privatvorlesungen hält er im Winter über Polizei und Handlungswissenschaft, im Sommer aber über Landwirthschaft und Forstwissenschaft.

H. Dr. Schneider liest täglich von 10—11, im ersten Semester über die Theorie der Dichtkunst und Redekunst nach eigenen Heften — Im zweiten über die griechische Literatur nach Eschenburg. Für diejenige, welche die Vorlesungen des Sommerhalbjahrs mit Nutzen besuchen wollen, wird er den Winter über Privatunterricht in der griechischen Sprache ertheilen.

Desgleichen erbietet er sich, den Theologen wöchentlich zweimal praktische Anleitung zur geistlichen Beredsamkeit zu geben. Auf Ersuchen wird er auch Vorlesungen über die praktische Philosophie, und über die Geschichte der Philosophie halten. Liebhabern der englündischen Sprache wird er wöchentlich zweimal Popes essay on man erklären.

Herr Arnds hält in einer noch zu bestimmenden Stunde Vorlesungen über die Mineralogie und die dahin einschlagenden Theile, er wird seinen Zuhörern beim Unterricht des Bergbaues das dabei vorkommende Technologische durch Auflegung der Modellen deutlich zu erklären suchen.

Philologie.

H. D. Schmitz gibt die Grundsätze der Redekunst nach Sulzers Theorie täglich 3 Stunden.

H. Dr. Hauser lehrt die Geschichte und Erdbeschreibung täglich 3 Stunden.

H. Dr. Hanf gibt die Elementarmathematik täglich 3 Stunden.

Herr Werner unterrichtet in der deutsch- und lateinischen Sprache täglich 4 Stunden.

Den Religionsunterricht erhalten die Klassenschulen an Sonn- und Feiertagen von ihren Professoren.

Herr von Tribolet gibt täglich von 11—12 öffentlichen Unterricht in der Französischen Sprache.

Auf Verlangen gibt Herr Kidgel Unterricht in der Englündischen Sprache.

Herr Trommelschläger unterrichtet in der Schönschreibekunst. Und H. Lejonc im Fechten und Tanzen. Es wird auch gestattet die kurfürstl. Reitschule zu frequentiren. Im Zeichnen findet man hier geschikte Meister.

Die kurfürstl. Bibliothek steht täglich mehrere Stunden offen, und es ist nicht nur jedem Kandidaten der freie Zutritt erlaubt, sondern er trifft auch die bequemste Einrichtung zum Lesen an.

Wer in Anschung der Kost und Logis vorläufige Nachricht verlangt, der beliebe sich schriftlich oder mündlich bei Herrn Hofkammerrath und Universitäts-Sindikus Esser zu melden. Die höhern sowohl als niedern Schulen fangen den 4. November an und enden sich am 24. September.

NB. Se. Kurfürstl. Durchlaucht erklären ggst., dass sie sowol in Besetzung der geist- als weltlichen Bedienungen vorzüglich auf diejenigen ihrer Unterthanen, welche auf hiesiger Universität durch ihren Fleiss und gute Anfführung sich auszeichnen werden, um so gewisser Rücksicht nehmen wollen, da Höchstdieselben auch unterm 10. August l. J. öffentlich bekannt gemacht haben, dass denjenigen, welche vom 1. November 1789 anzufangen, auf der Stadt-kölnischen Universität der Theologie, Jurisprudenz und Medizin sich widmen und den desfallsigen öffentlichen oder Privatvorlesungen beiwohnen werden, der Zutritt zu allen öffentlichen geist- und weltlichen Aemtern in den kurkölnischen Landen versagt sein solle. Jene Kandidaten, welche dereinst eine Kameralbedienung zu bekleiden verlangen, werden erinnert, dass sie sich in solchen Wissenschaften besonders zu befleissigen haben, welche zur Ausbildung eines Kameralisten erforderlich sind, da sie vor Erlangung solcher Bedienungen darin geprüft werden.

2. Vorlesungen, welche vom Anfange Novembers 1792 bis Ende Septembers 1793 auf der hohen Schule zu Bonn gehalten werden.

Gottesgelehrtheit.

H. Dr. Spitz liest über Gmeiners Epitome die Kirchengeschichte im Winter Nachmittags von 4—5, im Sommer Morgens von 7—8.

H. Dr. Becker lehrt die Dogmatik mit Polemik verbunden nach Gazzaniga und Bertieri von 11—12. Derselbe gibt auch besonders die polemische Geschichte über die augsburgische Confession mit Anwendung auf unser katholisches Kirchensistem.

H. Dr. Odenkirchen hält Montags, Mittwochs und Freitags von 2—3 hermeneutische Vorlesungen über das neue Testament. An den übrigen Tagen gibt er die Anfangsgründe der orientalischen Sprachen. Auf Verlangen gibt er auch Privatvorlesungen über das alte Testament.

Die Moral trägt H. Dr. Justinian Schallmeier von 8—9, und nach Ostern die Patrologie vor.

H. Dr. N. N. gibt die Pastoraltheologie von 3—4 nach Giftschütz.

Nach eben demselben wird H. geistliche Rath Dr. Oberthür Mittwochs und Freitags Anleitung zur Katechetik und Pädagogik geben. Montags und Dienstags wird derselbe die Litterärgeschichte der Theologie, und die Anleitung in dieselbe vortragen.

Rechtsgelehrtheit.

H. Dr. Fischenich gibt das Natur- und Völkerrecht in näher zu bestimmenden Stunden.

H. Dr. Stupp gibt die Juristische Encyclopädie und die Geschichte der Rechte im Winter, im Sommer das reine römische Recht.

H. Dr. Brewer gibt von 11—12 die Institutionen nach der Höpfnerischen Ausgabe von Heineccius, und auf Ersuchen das Naturrecht nach Nettelbladt. Das deutsche Privatrecht wird er wiederum nach Selchow vorlesen, und die Stunden bestimmen.

Die Pandekten lehrt Herr Geheimrath Dr. Daniels nach Böhmer im Winter und Sommer Morgens von 8—9. Ueber die Theorie des Civilprozesses liest derselbe Nachmittags von 2—3 dreimal die Woche, und die übrigen Tage im Winter gerichtlich- und aussergerichtliche Praxis, und bedient sich dabei der von ihm herausgegebenen Sammlung gerichtlicher Akten und anderer juristischer Aufsätze. Im Sommer liest er das Kurkölnische Privatrecht. Auch gibt er über Wechsel- und Privat-Fürstenrecht nach Selchow Privatvorlesungen in näher anzuzeigenden Stunden.

H. Dr. Moll wird über das Kriminalrecht im Winter nach S. Fr. Böhmer, und über das Lehnrecht des deutschen Reichs und kölnischen Landes im Sommer nach G. L. Böhmer von 11—12 Vorlesungen halten. Er wird auch auf Verlangen über die nämlichen Gegenstände Privatvorlesungen halten.

H. Geheimrath Dr. Schmitz liest im ersten Halbjahr die Reichsgeschichte öffentlich von 8—9, das deutsche Staatsrecht aber privat. — Im zweiten Halbjahr die Reichsgeschichte privat, und das deutsche Staatsrecht öffentlich nach Pütter vor.

H. geistlicher Rath Dr. Hedderich lehrt das kanonische Recht nach der zweiten verbesserten Ausgabe seines eigenen Handbuchs öffentlich von 10—11, privat von 4—5. Auch wird derselbe Montags, Mittwochs und Freitags von 2—3 Privatvorlesungen geben über das allgemeine Staats- und Völkerrecht.

H. Dr. Cramer wird die deutsche Reichsgeschichte nach Pütters deutscher Reichsgeschichte in ihrem Hauptfaden entwickelt, täglich von 9—10 vorlesen, und dabei an gehörigen Stellen die besondere kölnische Kirchen- und Landesgeschichte einschalten. Nach Ostern lehrt er nach Gregor Grubers Lehrsystem einer allgemeinen Diplomatik Montags, Mittwochs und Freitags von 3—4 die Diplomatik, wozu jedoch die Zuhörer auch des Joachims Einleitung in die Diplomatik gebrauchen können.

Arzneigelehrtheit.

H. Geheimrath Dr. von Ginetti lehrt täglich von 11—12 die Physiologie, Montags und Freitags im Winter die Semiotik, im Sommer die Botanik von 4—5.

H. Hofrath Dr. Kaublen trägt die Pathologie täglich von 10-11 vor, auch gibt derselbe Privatvorlesungen über die medizinische Praxis.

H. Dr. Rougemont lehrt im Winter die Anatomie und chirurgischen Operazionen von 1—2½ Uhr. Es wird auch freie Uebung im Zergliedern gestattet. Im Sommer lehrt derselbe fünfmal die Woche um die nämliche Stunde die Chirurgie; auch gibt er im Sommer von 7—8 zweimal die Woche über venerische, und die übrigen Tage über Augenkrankheiten besondere Vorlesungen. Privat liest er im Sommer über die Geburtshilfe.

H. Dr. Wegeler wird im ersten Halbjahre die gerichtliche Arzneikunde Morgens von 9—10 erklären, im zweiten Halbjahre Vorlesungen über die Entbindungskunst halten. Privatvorlesungen wird derselbe über die Materia medica halten.

Philosophie.

H. Dr. Joh. Neeb wird nach vorausgeschickter empirischen Seelenlehre die reine und angewandte Logik und Metaphysik nach Jacob Morgens von 8—9 und Nachmittags von 2—3 lehren.

Derselbe gibt auch die Sittenlehre nach Schmids Versuch einer Moralphilosophie, dann die Geschichte der Philosophie wöchentlich dreimal im ersten Semester, und im 2. Semester ebenso die Aesthetik. Auf Verlangen wird er auch wöchentlich 3 Stunden Platos Werke erklären, und zugleich die vorkommenden Lehren beleuchten.

H. Dr. Zulehner liest in noch zu bestimmenden Stunden publice Experimentalphysik nach Greens Grundriss. Privatim 1) Reine Mathematik nach Kästners Anfangsgründen Theil 1. Abtheilung 1. 2) Astronomie, womit er in nächtlichen Stunden die praktische Anweisung zur Kenntniss des gestirnten Himmels verbindet. Privatissime Analysis endlicher Grössen nach Kästners Anfangsgründen Theil III. Abtheilung 1.

H. Dr. Apel lehrt die Moralphilosophie nach Schmid von 9—10, und am Gymnasium die Seelenlehre täglich zwei Stunden. Auf Verlangen wird er auch Privatvorlesungen geben über die Moralphilosophie, Seelenlehre, allgemeine reine, und angewandte Logik, niedere und höhere, reine und angewandte Mathematik.

H. Hofkammerrath Dr. Trunk hält von 9—10 Morgens öffentliche Vorlesungen über die Polizei im Winter, über die Kameralwissenschaften im Sommer, Privatvorlesungen aber über die Landwirthschaft und Forstwirthschaft.

H. Hofkammerrath Arndts hält am Donnerstag von 2 bis etwa 6½ Vorlesungen über die Probirkunst, und wird die Versuche in dem von ihm nunmehro eingerichteten Laboratorium zeigen, wobei auch die freie Uebung im Probiren gestattet wird. — Am Montage Mittwochen, und Freitags gibt er in einer noch zu bestimmenden Stunde im Winter Vorlesungen über die Bergbaukunde, und im Sommer über Schmelzkunde, er wird die dabei vorkommenden Maschinen, und Oefen theils durch Handzeichnungen, theils durch Kupferstiche und Modelle deutlich zu erklären suchen, und beim Vortrage der letztern Wissenschaft mehrere technologische Gegenstände, welche die weitere Veredlung der gutgemachten Metalle betreffen, einschalten. — Auch erbietet er sich zu Privatvorlesungen über die Salze und die Verfertigung mehrerer derselben im Grossen, wobei er zugleich ihren vielfachen Gebrauch bei den verschiedenen Künsten, Handwerken und Fabriken u. s. w. umständlich anzeigen wird.

Philologie.

H. Liessem gibt die Grundsätze der Redekunst nach Sulzers Theorie täglich 3 Stunden.

H. Theobald Knöll gibt die Einleitung zu den schönen Wissenschaften und vorzüglich die Regeln der Dichtkunst täglich 3 Stunden.

41

H. Dr. Hauser lehrt die Geschichte und Erdbeschreibung täglich 3 Stunden. Alles Folgende wörtlich wie in dem vorhergehenden Katalog.

IX. Frequenz der Universität in den Jahren 1787—1792.

Die nachfolgenden 5 Tabellen sind zusammengestellt auf Grund der handschriftlichen Personalverzeichnisse der Studirenden für die Jahre 1787—1792, welche sich in dem Aktenfascikel: Personalverzeichnisse der ehemaligen Bonner Universität (Bonner Universitätsbibl. S. 92 d VIII) befinden; leider sind uns aus dem ersten und aus den letzten Jahren der Universität keine ähnlichen Verzeichnisse erhalten.

Tabelle I.

Die Anstalt besuchten	Jahrgang $17^{87}/_{88}$	Jahrgang $17^{88}/_{89}$	Jahrgang $17^{89}/_{90}$	Jahrgang $17^{90}/_{91}$	Jahrgang $17^{91}/_{92}$
Theologen	59	43	65	66	39
Mediciner	96	107	104	91	95
Juristen	38	44	39	46	46
Philosophen	38	36	41	40	28
Gymnasiasten	111	79	88	82	76
In Summa	344	309	337	325	284

	Jahrgang $17^{87}/_{88}$	Jahrgang $17^{88}/_{89}$	Jahrgang $17^{89}/_{90}$	Jahrgang $17^{90}/_{91}$	Jahrgang $17^{91}/_{92}$
Davon waren					
Bonner { Weltliche	157	131	142	130	112
{ Mönche	29	23	22	31	13
Fremde { Kurkölner	58	49	61	53	54
{ Westphalen	36	83	36	31	39
{ Nicht Unterthanen d. Kurfürst.	64	73	76	80	66

Tabelle II.

Theologische Collegien hörten	Jahrgang $17^{87}/_{88}$	Jahrgang $17^{88}/_{89}$	Jahrgang $17^{89}/_{90}$	Jahrgang $17^{90}/_{91}$	Jahrgang $17^{91}/_{92}$
Kirchengeschichte	12	15	19	20	28
Exegese	31	30	60	59	31
Oriental. Sprachen	31	30	—	—	21
Dogmatik	19	21	23	14	14
Moral	20	23	44	25	24
Pastoral	18	23	38	31	18
Pädagogik	8	9	4	—	—

Tabelle III.

Juristische Collegien hörten	Jahrgang $17^{87}/_{88}$	Jahrgang $17^{88}/_{89}$	Jahrgang $17^{89}/_{90}$	Jahrgang $17^{90}/_{91}$	Jahrgang $17^{91}/_{92}$
Naturrecht u. Institutionen	30	42	40	32	35
Pandekten	71	67	73	66	66
Criminalrecht	—	19	25	21	16
Lehenrecht	—	18	26	22	20
Kanon. Recht	68	61	74	72	47
Staatsrecht	14	17	—	27	—
Reichsgeschichte	80	25	14	7	22
Diplomatik	—	7	14	—	—

Tabelle IV.

Medicinische Collegien hörten	Jahrgang $17^{87}/_{88}$	Jahrgang $17^{88}/_{89}$	Jahrgang $17^{89}/_{90}$	Jahrgang $17^{90}/_{91}$	Jahrgang $17^{91}/_{92}$
Physiologie	12	12	7	10	20
Pathologie	17	18	14	12	27
Chirurgie u. Anatomie	36	37	31	31	26
Gerichtl. Medicin	—	—	17	10	20
Geburtshilfe	—	—	15	13	—
Botanik	—	—	—	15	10
Materia Medica	—	—	—	—	34

Tabelle V.

Philosophische Collegien hörten	Jahrgang $17^{87}/_{88}$	Jahrgang $17^{88}/_{89}$	Jahrgang $17^{89}/_{90}$	Jahrgang $17^{90}/_{91}$	Jahrgang $17^{91}/_{92}$
Logik	16	19	25	32	14
Physik	16	17	13	15	8
Mathematik	22	17	13	—	—
Psychologie	16	19	14	24	—
Kameralwissenschaft	20	17	24	35	—
Schöne Wissenschaften	—	40	13	—	—
Chemie u. Mineralogie	—	—	—	11	—

X. Verzeichniss der von den Mitgliedern der Bonner Universität während der Zeit ihrer Wirksamkeit in Bonn verfassten Schriften.

Um die literarische Thätigkeit zu veranschaulichen, welche auf der Bonner Universität entfaltet worden, sind im Nachfolgenden die von den Bonner Professoren während ihrer Wirksamkeit in Bonn verfassten Schriften zusammengestellt, und zwar bei jedem Professor zunächst die von ihm unter eigenem Namen herausgegebenen, dann die Dissertationen seiner Schüler, welche meist ebenfalls von ihm verfasst, von diesen bei ihrer Promotion vertheidigt worden. Diesen Schriften folgt schliesslich eine Zusammenstellung der Dissertationen, auf deren Titel nicht der Name eines Professors genannt ist. Bei dem erwähnten Zwecke konnte es natürlich nicht darauf ankommen, auch die von den Bonner Professoren in anderer Wirksamkeit, nach Auflösung unserer Universität herausgegebenen Schriften anzuführen (wo die Titel derselben zu finden, zeigen die beigefügten Citate); dagegen hielt ich es für sachdienlich, in dies Verzeichniss auch diejenigen Schriften aufzunehmen, welche die genannten Professoren als Lehrer an der genannten Bonner Akademie verfasst. Nur einen Theil der angeführten Schriften konnte ich selbst einsehen; ich fand diese theils auf der hiesigen Universitätsbibliothek, theils verdanke ich die Mittheilung derselben der Güte von Privat-Sammlern, vor Allem H. Buchhändler Marcus und H. Bibliothekar Pape; die Titel, die ich so nach eigener Einsicht verzeichnen konnte, sind durch ein * bezeichnet. Für alle übrigen war ich auf literarische Hülfsmittel angewiesen; diejenigen von diesen, die ich am Meisten benutzte, sind in folgender Weise abgekürzt:

Apollinar = Festgesang, als die kurfürstlich kölnische Universität zu Bonn den sechsten Jahrestag ihrer Entstehung feierte. Zum Anhang folgt Ode auf die Einrichtung und Einweihung belobter Universität vom 20. November 1786 sammt einigen biographisch-litterärischen Angaben von Apollinar. 4° 44 S. Bonn. Neuestens fast ganz abgedruckt im Rheinischen Antiquarius, Mittelrhein. III Abth., XIV 1, S. 54—75.

Felder = Felders Gelehrtenlexicon der katholischen Geistlichkeit Deutschlands und der Schweiz. Bd. 1. Landshut 1817.

Meusel IV = Das gelehrte Teutschland oder Lexicon der jetztlebenden teutschen Schriftsteller. Angef. von G. Ch. Hamberger, fortgesetzt von D. G. Meusel. Vierte Auflage. Bd. 1—4. Lemgo 1783—84.

Meusel IV N. I, N. II etc. = Erster Nachtrag zu der 4. Ausg. von Meusels gelehrtem Teutschland, zweiter Nachtrag etc.

Meusel V = Das gelehrte Teutschland. Angef. von Hamberger, fortgesetzt von Meusel und K. W. S. Lindner. (Fünfte Ausgabe) 23 Bände. Lemgo 1796—1834.

Meuser = Meuser, Bonner Bibliographie von 1775—1795 im Bonner Wochenblatt J. 1844.

Poggendorff = Poggendorff, Biographisch-Literarisches Handwörterbuch zur Geschichte der exacten Wissenschaften. Bd. I und II. Leipzig 1863.

Seibertz = Westfälische Beiträge zur Deutschen Geschichte von Seibertz. 2 Bde. Darmstadt 1819—1821.

Weidlich = C. Weidlichs Biographische Nachrichten von den jetztlebenden Rechtsgelehrten in Deutschland. Th. I—IV. Halle 1781—1785.

Arndts, Anton Wilhelm Stephan

Schriften aus der Zeit seiner Bonnner Wirksamkeit habe ich nicht verzeichnet gefunden; die Titel seiner späteren Arbeiten finden sich Meusel V 22, 63. Poggendorff 1, 63. Seibertz 1, 402. 2, 264.

Becker, Anselm

*Programma de praecavendis in disputationibus polemicis abusibus. ed. A. Becker cum praelectiones suas publicas inchoasset d. 12 nov. 1783. 4° 16 p.

Brewer, Hubert — Weidlich III 37. Meusel IV N. IV 77, N. V 171. V 1, 439.

De jurisdictione, judiciis et stylo curiarum quoad archiepiscopatum et electoratum Coloniensem. 8° B. 1778.

Systema juris Romani in foris Germaniae et patria Coloniensi 8° B. 1779.

De necessitate singularis habendae cautelae circa clausulas in interpretandis locorum statutis exemplificata in quaestione, an: matrimonio jam tum indefinite contracto adhuc condi possint dotalia? ad text. ord. Pat. Col. Tit. VIII § I. 4° B. 1782.

Delineatio jurisprudentiae civilis ad Lib. II tit. II instit. de rebus corpor. et incorporabilibus. 4° B. 1785.

*Elementa juris statutarii archiepiscopalis et electoralis Coloniensis. 120. 78 p. B. 1786.

Cramer, Franz Heinrich — Seibertz 1, 132. Meusel V 17, 354.

*Programma, quo praelectiones publicas de re diplomatica, de historia Germanorum generatim et ecclesiae Coloniensis speciatim in inclyta apud Bonnenses academia habendas indicit. 4° 14 p. B. 1783.

De veterum Ripuariorum situ ac sedibus originariis. 4° B. 1793.

*De ecclesiae metropolitanae Coloniensis in Bromensem olim suffrageneam jure metropolitico primitivo. Commentatio historica ad illustrandam Ripurariam Carolingicam. Quam praeside F. Cramer eruditorum crisi d. 6 junii a. 1792 submittit Carolus Liber Baro d'Aix Bonnensis. 4° 50 p. B. 1792.

Daniels, Heinrich Gottfried Wilhelm.

Apollinar 32. Meuser, J. 1783—1791. Meusel IV N. I 111, N. VI 260, N. VII 1, 225, N. X 259. V 2, 14. 9, 225. II, 154. 13, 259. 17, 385. 22, 570. Kamptz, Jahrbücher für preuss. Gesetzgebung 1827 II. 58 p. 271. Nekrolog der Deutschen V 1, 330.

Pignoris praetorii, quod in electoratu Coloniensi obtinet, idea 4° B. 1783.

*Ueber die Rechte der Austrägalinstanz, wenn ein Fürstbischof mit seinem Domkapitel belangt wird. 4° 64 S. B. 1786.

De exceptione doli mali quondam personali ejusque usu hodierno cum in genere tum in re collybisteca commentatio. Pars prior, principia juris Romani exhibens. 4° B. 1787.

*Sammlung gerichtlicher Akten und anderer Aufsätze für seine Zuhörer bei den Vorlesungen über die juristische Schreibart und Praxis. Erster Theil 8° (VIII und 504 S.) B. 1790.

*Von Testamenten, Codicillen und Schenkungen auf den Todesfall. Nach kurkölnischen Landrechten mit Hinsicht auf die Jülich und Bergischen und Stadtkölnischen Rechte. Th. I 8° (XVI und 318 S.) Frankfurt a. M. 1798. Die Vorrede dieses vom Verfasser „seinem verehrungswürdigsten Freund H. C. Rougemont" gewidmeten Werkes ist datirt von Bonn 29. Juni 1797.

*De adhaeredatione et insinuatione contractuum judiciali praecipue secundum statuta et mores electoratus et urbis Coloniensis diss. Quam sept. 1784 praeside H. G. W. Daniels erud. crisi submittet Petrus Luladorf, Coloniensis ex Lövenich. 4° 80 p. B. 1784.

*D. de senatusconsulto Liboniano ejusque usu hodierno cum universim in Germania tum praecipue apud Leodienses. Diss. inaug., quam praeside H. G. W. Daniels die 22 aug. 1791 publicae eruditorum crisi submittet G. C. de Trousset Leodiensis 8° IV und 105 p. B. 1791.

*Abhandlung von Testamenten nach kurkölnischen Landrechten (von Daniels). Welche mit den angehängten Disputirsätzen Sept. 1791 öffentlich vertheidigen wird P. J. Kriechel aus Ahrweiler. 4° 40 S. Bonn 1791.

Deroser, Thaddäus Anton.

Apollinar 22. Felder I 163. Meusel IV N. II 386, N. III 360, N. IV 735, N. V 2, 417, N. VI 878, N. X 267. V 2, 43. 13, 267. 17, 404. 22, 598. Meuser, J. 1783—1789.

*Necessitas linguarum orientalium ad sacram scripturam intelligendam, vindicandam, ac dogmata fidei inde probanda. Programma academicum, cum praelectiones publicas in Academia Bonnensi inchoaret. 4° 25 p. Coloniae 1783.

Notiones generales Hermeneuticae sacrae veteris Testamenti. 4° Coloniae 1784.

Scriptursätze, oder über den Untergang von Sodoma und über die Verwandlung der Frau des Loths in eine Salzsäule. 4° Köln 1784.

Notiones generales Hermeneuticae sacrae novi Testamenti. 4° Coloniae 1786.

Die Sendungsgeschichte des Propheten Jonas, aus dem Hebräischen übersetzt, kritisch untersucht und von Widersprüchen gerettet. 4° 40 S. Bonn 1786.

Entstehungs- und Einweihungsgeschichte der churköllnischen Universität zu Bonn 1786 kl. Fol. (Ist anonym erschienen und wird auch nicht von Apollinar, wohl aber von Felder unter D.'s Schriften aufgeführt.)

Rechte und Pflichten des Papstes. Ein Auszug aus den Schriften des heiligen Bernhardus an Papst Gregor III. 4° 1787. (Anonym erschienen.)

*Ueber die Gottheit Christi. Eine Predigt, gehalten in der Hofkirche zu Bonn 1789. (Vgl. Schneider.)

Der jüdische und christliche Pharisäismus, als Haupthinderniss der Religion Jesu dargestellt. Eine Predigt, gehalten in der Hofkirche zu Bonn 1790. Ist abgedruckt im I. Hefte der Beiträge zur Homiletik. Salzburg 1791 8°.

De victu Johannis Baptistae in deserto commorantis, commentatio scripturistica. Quam praeside Thaddaeo ab Adamo defendet Clementinus Gutherr. 4° 28 p. Frankfurt 1786. Erschien zu Frankfurt wegen Mangel an arabischen und hebräischen Typen in Bonn.

*Das Lehrgedicht des Moses an die Israeliten V. Moys. XXXII. Aus dem Hebräischen metrisch übersetzt und erklärt und mit Disputirsätzen vertheidigt von Kastus Schallmayer 4° 32 S.

*Der achtundsechzigste (Vulg. 67.) Psalm. Aus dem Hebräischen metrisch übersetzt und erklärt und mit Disputirsätzen, unter dem Vorsitze des Dr. Thaddäus vertheidigt von Cassius Gareis 20. August 1786. 8° 32 S. Vgl. Oberdeutsche Litztg. 1789. 1, 156.

Die Versuchungsgeschichte Jesu erklärt und von Widersprüchen gerettet. Eine biblische Abhandlung über Matth. IV. 1—11, welche mit Disputirsätzen über die Evangelien den 22. Julius 1789 unter dem Vorsitze des Dr. Thaddäus vertheidigen wird F. R. Sauer. 4° 52 S. Bonn 1789. Vgl. Oberdeutsche Litztg. 1789. 2, 313. (Diese Schrift ist auch ins Holländische übersetzt bei Schalekampin Amsterdam herausgekommen.)

Commentatio biblica in effatum Christi: Tu es Petrus, et super hanc Petram etc. Matth. XVI. 18—19. Quam praeside Thaddaeo publico tentamini subiicite Adrianus ex Wipperfuhrt. 4° Coloniae 1789. Vgl. Oberdeutsche Litztg. 1789. 2, 701. Gegen diese Schrift, die in den römischen Index kam, schrieb G. J. de Buininck, epistola familiaris ad excellentissimum comitem B. D. P. 1790.

Gynetti, Peter Wilhelm Joseph. — Meuser, J. 1783—1786.

*P. W. J. de G. praelectiones suas medicas indicit 1783/84. 4. H. p. B. 1783.

Hedderich, Philipp.

Apollinar p. 26. Meusel IV 2, 66, N. I 256, N. III 144, N. IV 244, N. V 562, N. XI 66 und V 3, 145. Meuser J. 1778—1788. Weidlich I 262. III Fortgs. Nachtr. 112. IV F. N. 122.

Programma de historia et critica, veluti praecipuis juris sacri praesertim Germanici adminiculis. 4° Bonnae 1774.

Exercitium canonicum I II III et ultimum, parerga selecta ex universo jure ecclesiastico tum publico tum privato Germanico eiusque historiam exhibente. 4° Bonnae 1775.

Animadversiones historico-canonicae ad lib. IV. decretalium. 4° Bonnae 1775.

D. ad concordata Germaniae, de jure devoluto, si capitulum ecclesiae cathedralis Germaniae mediatum non eligit intra trimestre. 4° Bonnae 1777.

D. de non vulneranda regula cancellariae de viginti, dum beneficia in favorem resignantur. 4° Bonnae 1777.

*Elementa juris canonici, quatuor in partes divisa, ad statum ecclesiarum Germaniae praecipue ecclesiae Coloniensis accomodata Pars I. 8° Bonnae 1778, Pars II 1780, Pars III 1781, Pars IV 1783. — Editio secunda emendata. 8° Bonnae 1791.

Subsidia miscellanea historiam et jurisprudentiam ecclesiasticam Coloniensem praecipue illustrantia. 8° Bonnae 1778.

D. de eo, quod circa recursum ad celsissimum judicium imperiale aulicum in ecclesiasticis ex legitimis Germaniae speciatim obtinet. 4° Bonnae 1778.

D. de potestate domini territorialis protestantici subbditos catholicos in impedimentis matrimonium jure ecclesiastico dirimentibus dispensandi, ex transactione religiosa inter Frid. Wilh. Electorem Brandenburg. et Phil. Wilh. ducem palat. pro ducatibus Juliacensi Montensi etc. a. 1672 conclusa, haud eruenda. 4° Bonnae 1778.

D. de jure patronatus laico ad collegium ecclesiasticum transeunte reservationis regulis haud obnoxio. 4° Bonnae 1778.

Systema, quo praefatione praemissa praelectiones suas publicas indicit. 4° Bonnae 1778. Kam in den römischen Index.

*Die cölnische Kirche, ihre Gerechtsame und die Quellen ihres besonderaten Kirchenrechts in den Materialien zur Statistik des niederrheinischen und westfälischen Kreises (Erlangen 1781) Heft 5, S. 399—436.

*Dissertationum juris ecclesiastici Germanici successive editarum volumen L 4. 418 p. B. 1783. Dieser Band enthält 18 Dissertationen über deutsches Kirchenrecht, darunter eine Reihe der oben genannten, so wie mehrere unten aufgeführte, von H.'s Schülern vertheidigte. Der Inhalt des Bandes ist verzeichnet: Meusel IV, N. III 144 und V 3, 147.
*Anni 1783 dies 11 nov. academica solennis. Fol. 20 p. Bonnae 1783.
 D. juris ecclesiastici exhibens historiam exercitium et suspensionem turni ecclesiarum collegiatarum Coloniensium praecipue per preces archiepiscopales. 4. Bonnae 1784.

Abhandlung über das päbstliche Gesandtschaftsrecht, in welcher die offenbaren Eingriffe des römischen Hofes und dessen Nuntien in die ordentliche bischöfliche Gerichtsbarkeit entdecket und gründlich widerlegt werden, dem H. Zoglio, Erzbischof zu Athen, gewidmet von Arminius Seld. 1787.

Geschichte der päpstlichen Nuntien in Deutschland von Arminius Seld. 2 Bde. 8. Frankfurt 2789.

*D. juris ecclesiastici publici de vero ac genuino statu hodierno primariarum precum Caesariarum. Quam praeside Philippo Hedderich submittit eruditorum tentamini B. Crumbach ex Bechlinghoven d. 12 sept. 1778. 4. 28 p.

D. de vero ac genuino statu hodierno asyli. Quam submittit eruditorum tentamini d. 12 sept. 1778 J. Martin, Bonnensis 4. 166.

D. de potestate principis circa ultimas voluntates ad causas pias earumque privilegia. Quam praeside P. Hedderich erudit. tent. submittit den 10. sept. 1779 H. H. Stockhausen ex Blecherrath 4. XXVIII u. 24 p. (Kam in den römischen Index.)

*D. de clerico regulari beneficiorum saecularium praecipue curatorum sino venia episcopi absolute incapaci. Quam erudit. tent. subiicit J. F. J. Guises Bonnensis ad d. 5 junii 1781. 4. VII u. 37 p. (Dass diese Schrift von H. verfasst, ist bemerkt in: Neueste juristische Literatur für 1781. S. 195—197. Gegen dieselbe schrieb G. J. de Buininck, pervigilium erraticae dissertationis de cl. r. b. 4. 112 p. 1784.)

*D. de testamenti factione clerici Coloniensis illiusque forma. Quam erud. tent. submisit Libertus Josephus Schmitz, Bonnensis ad d. 13 sept 1781. (Als Schrift H.'s bezeichnet von Meuser, der auch zwei Gegenschriften anführt.)

*D. de eo, quod circa decimas novales in Germania ac praecipue in dioecessi et territorio Coloniensi justum est. Quam sub praesidio P. Hedderich erud. disquisitioni submittit C. F. Weidenfeld d. 12. sept. 1782 4. 134 p. (Diese mit „gutgewählter Belesenheit" geschriebene Dissertation ist angezeigt in Göttinger Gel. Anzeigen 1783 n. 18. Gegen diese Schrift schrieb *Buininck, assentationes in d. de eo, quod circa decimas etc., contentae ac detectae. Vercellis 1783.)

D. juris ecclesiastici publici Coloniensis specialissimi de juribus s. sedis Coloniensis in ecclesia cathedrali Osnabrugensi sub episcopo Augustanae confessionis ad illustrandum art. 13 §. 8 pacis Osnabrugensis. Exposuit praeside P. Hedderich J. B. Schoetter ex Bodendorf d. 24. sept. 1784. f. 92 p.

D. de juribus ecclesiae Germanicae in conventu Emsano explicatis et de jure archiepiscoporum circa beneficia mensium inaequalium in specie ad illustrandum praecipue huius conventus art. XV,XVI et art. V §. 26 pacis Osnabrugensis. Quam erud. tent. submisit praeside Hedderich F. J. de Breuning, Mergentheimensis. 4. 80 p. B. 1788. Vgl. Oberd. Ltzg. 1788. 1,943.

Jochmaring, Johann Hermann.

Schriften von ihm aus der Zeit seiner Wirksamkeit in Bonn finde ich nicht verzeichnet, auch aus späterer Zeit nur verschiedene Auflagen einer „Rechenkunst in gemeinnützigen auf das gemeine Leben angewandten Beispielen" Meusel V. 23,46. F. Rassmann, Münsterländisches Schriftstellerlexicon N. I 20, N. II 60. E. Rassmann, Nachrichten über Münsterländ. Schriftsteller 166.

Kauhlen, Franz Wilhelm.

Apollinar 37. Meusel IV N. V 1, 279. V 4, 44. Meuser, Jahrgang 1786.

Diss. inaug. Examen fontis mineralis soterii Rosdorfiensis prope Bonnam. 4. Duisburg 1774.

*Programm von den Hindernissen, die der Vervollkommnung der Arzneigelehrtheit im Wege stehen. 4. B. 1786.

Abhandlung über die Ruhr. 8. B. 1787.

D. de febri puerperali. 4. B. 1790.

*D. medica de respiratione et usu pulmonum, quam praeside F. W. Kauhlen erud. disquisitioni subjecit autor F. G. Wegeler, Bonnensis. 4. 28 S. B. 1786.

*D. de febre vulneraria. Quam praeside F. W. Kauhlen erud. crisi submittit A. Ebbinkhuysen, Mermagus d. 27 sept. 1791. (Nur die gedruckten Thesen liegen vor.)

Lomberg, Joseph Vitalian. — Meusel IV 2, 456 N. I 289. N. III 225. N. IV 400. N. VI 414. N. VII 223. N. V III 495. V 4, 503. 10 223. 11. 495. 14, 456. Meuser, J. 1775—1789. Weidlich I 478.

Prospectus recentioris methodi academicae juris publici. 4. B. 1774.

Prima exercitatio publica de anarchia et civitate 4. B. 1775.

Theses de monarchia, de suprema jurisdictione, de politia et de jure ecclesiastico. 4. B. 1775.

Jus illustrium Germaniae familiarum, vulgo: Das deutsche Adelsrecht, centum assertionibus illustratum 4. B. 1775.

D. de justa poenarum civilium mensura recentioribus humaniorum gentium moribus ceu communi rerum publicarum fini attemperanda 4. B. 1777.

D. de justis advocatiae Caesareae limitibus. 4. B. 1777.

*D. de imperiali precum primariarum jure ultra justos limites non extendendo. 4. B. 1778. (Steht nebst den entstandenen Streitschriften in Materialien zur Statistik des Niederrheinischen und Westfälischen Kreises I 3, 306).

D. de legitimo ad comitia recursu ejusque genuino fundamento. 4. B. 1779.

*Historisch-politische Staatsrechtsabhandlung von Abstellung der Missbräuche bei den Zünften und Handwerkern in den Ländern deutscher Reichsfürsten. 4. B. 1779.

Hr. P. Simplicius Hass. Unparteiisches Rechtsgutachten über die Frage, ob, bei genauer der deutschen Staatsklugheit angemessener Prüfung der am letztverwichenen H. Frohnleichnamsfest laufenden Jahres 1780 zu Mülheim am Rhein gehaltenen und gedruckten Religions-Streit-Rede, die wider selbige als eine dem Westfälischen Friden entgegene Schand- und Schmäh-Schrift von dasigen Protestanten erwirkte öffentliche Confiscation als rechtmässig oder eher als widerrechtlich zu beurtheilen sei. 4. 18 S. Köln. (Die Schrift erschien anonym; dass L. der Verf. sein solle, behauptet Schlözer, der dieselbe in seinem Briefwechsel (Th 7. S. 337) mit eigenen Bemerkungen abdruckt.)

Ueber die neueste der gegenwärtigen deutschen Regierungsverfassung sowohl als dem Vortheile der Zuhörer angemessenste akademische Lehrart des Staatsrechts zu einem Grundriss eines neu zu bearbeitenden Lehrbuchs. 4. B. 1784.

D. juris publici de illiminato jure de non appellendo archiprincipum S. R. J. electorum in genere et serenissimi Coloniensis in specie. 4. B. 1787.

Systematische Grundlehre des deutschen Staatsrechts zum Gebrauch der kurkölnischen hohen Schule zu Bonn. 1. Th. B. 1787.

Gutachten der theologischen Fakultät zu Coimbra über den Anton Pereira, Lehrer der Macht der Bischöfe. Von Neuem an das deutsche Licht gestellt und sammt einem absonderlichen Nachtrag dem Herrn Pacca, Erzbischofen zu Damiat, gewidmet von Georg Wizel 1787.

De novissima juris publici universalis cum jure publica imperii Rom. Germanici systematice combinandi methodo.

J. Lomberg, Altera exercitatio publica de monarchia in genere et in specie, nec non de juribus immanentibus, quam publ. disquisitioni exponent J. de Kopp Dusselanus et Maurer ex Königswinter 1775.

J. Lomberg, tertia exercitatio publica de suprema potestate judiciaria in genere et speciatim de summis imperii tribunalibus. Quam publ. disquisitioni exponet C. J. Bachem, Bonnensis 4. B. 1775.

J. Lomberg, dissert. publica prolegomenis juris publici universalis et particularis Romano-Germanici, recentiori methodo academica sistimatice combinandi. Quam propugnandam suscepit P. J. Brewer, Bonnensis. 4. 34 S. B. 1777. (Zum Schluss die Namen derjenigen, die von 1774—77 in Bonn Jura studirt haben.)

*D. de certis atque incertis majestatis imperatoriae reservatis in electionibus immediatorum Germaniae praesulum praesertim evangelicorum. Quam praeside J. Lomberg exponet F. Martin, Bonnensis. 4. 18 S. B. 1779.

D. de eo, quod altioris indaginis est in jure publica imperii Romano-Germanici. Quam praeside J. V. Lomberg erudit. disquisitioni submittit J. F. Guisez, Bonnensis. 4. 36 S. B. 1780

D. de directorio comitiali, sede Moguntina vacante, quam adversus novas vindicias directorii in comitiis pro archicapitulo Moguntiae a 1779 Moguntiae propugnatas sub praesidio J. V. Lomberg erud. disquisitioni submisit 12 sept 1781 F. A. Zedlitz. 4° B. 1781.

Die Umstände des Staatsrechts überhaupt und besonders im deutschen Reiche. Sammt beigefügter Geschichte der bischöflichen Wahlcapitulationen, welche unter dem Vorsitz J. V. Lombergs öffentlich vertheidigen wird Sept. 1784 II. II. Verkenius aus Köln VI 4. 42 S.

Moll, Gottfried. — Meusel IV N. VII 2, 218. V 10, 318.

Meditationes juridicae ad L. CC, in quibus ejus auctoritas, justitia et necessitas fortunae et poenae mortis circa quosdam fures per paucas positiones contra integra quorundam politicorum scripta 4. B. 1778.

D. jur. feud. de eo, quod refert feudum sub clausula pro te et heredibus tuis etc. datum esse 4. B. 1779.

D. phil. jurid. de justo et rationabili ac efficace torturae usu et praxi Carolina in foris Germaniae quamvis Christianae 4. B. 1780.
D. jur. feud. de literis investiturae renovatae aut resp. posterioribus a literis primae vel saltem antiquioris investiture dissonis 4. B. 1780.
D. jur. feud: num filius feudum a patre renovatum revocare possit? 4. B. 1783.
*Prolusio academica de usu et abusu juris civilis Germaniae communis et statutarii, in specie electoralis Coloniensis. 4. B. 1786.

Noeb, Johann.

Meusel IV N.V 2, 7, N.VI 509, VII 2, 353. V 5 392. 10, 393. 18, 820. Meuser J. 1794—95. N.'s Hinterlassene Schriften, Einleitung.
*Ueber Kants Verdienste um das Interesse der philosophirenden Vernunft. Eine akademische Rede an seine Zuhörer. 12° 34 S. Bonn 1794. Zweite Ausgabe. Frankfurt 1795.
*Ueber den in verschiedenen Epochen der Wissenschaften allgemein herrschenden Geist und seinen Einfluss auf dieselben 12° VIII und 216 S. Frankfurt 1795. Die Vorrede ist datirt Miltenberg den 23. März 1795.
Ueber die Unmöglichkeit eines speculativen Beweises über das Dasein der Dinge in Niethhammers philosophischem Journal 1795. H. 6, S. 118—136.
*System der kritischen Philosophie auf den Satz des Bewusstseins gegründet. 1. Theil: Formale Philosophie. 8° 292. S. — 2. Theil: Materielle Philosophie X und 485 S. Bonn und Frankfurt 1795 und 1796.

Oberthür, Bonifacius Anton.

Meusel IV N. IV, 493. N. V 2, 30. N. VI 527. V 5, 473.
Eutropius sine notis et scholiis. 8. Herbipoli 1778.
Handbuch zum Unterricht der kurkölnischen Landschulmeister auf Veranlassung der kurkölnischen Schulkommission. 8° B. 1790.

Odenkirchen, Udalrich.

*Errores a Christo in Evangelio refutati. Quos Programmate academico recensebat U. O., sacrae hermeneuticae et ling. orient. in u. B. p. p. et o., cum summos in theologia honores obtineret. 4° 26 p. B. 1793.

Rougemont, Joseph Klaudius.

Apollinar 35, Elwert N. 1, 470. Meusel IV, N. IV, 518. V 6, 461. 10, 518. Meuser Jahrg. 1783.
*Quaedam de instituto medico-chirurgico Bonnensi disserit simulque praelectiones suas indicit 1783/84. 4. 8 p. B. 1883.
*Etwas über die Kleidertracht, in wiefern sie einen nachtheiligen Einfluss auf die Gesundheit hat. Nebst einigen anatomischen und chirurgischen Betrachtungen. 4. B. 1786.
Traité des hernis, traduit de l'allemand de Mr. Richter avec des notes et additions. 4. B. 1787.
* Bibliothèque de chirurgie du Nord T. I. p. I 8 B. 1788.
Etwas über die schädliche Wirkung der gewaltsamen Anstrengung der Kräfte. B. 1789.
*Rede über die Zergliederungskunst bei der Eröffnung des Neuen Anatomischen Gebäudes. 4. 45 S. (Auf dem Titelblatt befindet sich eine Abbildung der neuen Anatomie.) B. 1789.

Etwas über die fremden Körper in der Luftröhre. 8. B. 1792.
Versuch über die Zugmittel in der Heilkunde, aus der französischen Handschrift übersetzt v. F. G. Wegeler. 8. B. 1792.
*Abhandlung von der Hundswuth, aus der französischen Handschrift übersetzt v. F. G. Wegeler, 8. Frankfurt 1798. Die Abhandlung 1793 von der Provinzialgesellschaft der Künste und Wissenschaften in Utrecht mit einer goldenen Denkmünze gekrönt erschien schon 1794 in holländischer Sprache sowohl in den Berichten der genannten Gesellschaft als in einem Separatabdruck.
*Handbuch der chirurgischen Operationen für Vorlesungen. Th. I. 8. B. 1793. Zweite Auflage. Frankfurt 1797.
*Abhandlung über die erblichen Krankheiten, von der Pariser Societät gekrönte Preisschrift aus der französischen Handschrift übersetzt von F. G. Wegeler. 8. B. 1794.

Schallmeyer, Justinian.
Apollinar 25. Meusel IV N. V 2, 209. V 7. 65. Meuser Jahrg. 1781—85.
*D. de libertate conscientiae in materiae religionis nimium haud extendenda. 4. B. 1781.
Specimen academicum de coniungenda cum studio theologico jurisprudentia. 4. B. 1782.
Succincta fontium theologiae christiano-moralis notio 4. B. 1783.
*D. de jejuniorum origine atque relatione. 4. Col. 1785.

Scheben, Sebastian.
Apollinar 42. Meuser J. 1783.
*Vorbericht über die praktische Pastoraltheologie, welche mit gnädigster Erlaubniss Sr. kurfl. Gnaden zu Köln bei Höchstihrer Akademie in Bonn nach Fr. Chr. Pittroffs Anleitung vorlesen wird S. Scheben vom 12. November 1783 bis 21. September 1784. 4° 8 S. B. 1783.
*Elucidatio liturgico-historica et mystica. Quam praeside S. Scheben tuendam suscipit d. 9 sept. 1784 P. J. Plenz, Bonnensis 4° 50 p.

Scheidler, F. A.
*Uebersicht eines Lehrplans der eigentlichen Kameralwissenschaft für öffentliche Vorlesungen auf der hohen Schule zu Bonn. 4° 21 S. B. 1788.

Schmelzer, Jacob.
Meusel IV N. V 2, 243. V 7, 187.
Schriften während seines Bonner Aufenthalts finde ich nicht verzeichnet, dagegen erschienen kurz vor seiner Berufung nach Bonn von ihm: Philosophische Aphorismen. 8° Trier 1790. und: Kurzer Entwurf der wichtigsten Theile der Martyrokritik. 4° Trier 1791.

Schneider, Eulogius (mit seinem Taufnamen Johann Georg).
Heitz, notes sur la vie et d'écrits d'Euloge Schneider. 8° 166 p. Strassbourg 1862.
Meusel IV N. I 58, N. II 337, N. III 319, N. IV 641, N. V 265, 627. Meuser, Jahrg. 1789—1790.
*De necessario literarum elegantiorum cum jurisprudentia et theologia nexu programma, quo

orationem inauguralem d. 23. apr. 1789 habendam indicit E. S. 4° 16 p. B. 1789. Vgl. Oberdeutsche allg. Literaturztg. 1789, 106. Tübinger Anzeigen 1789, 280.

*Predigt über den Zweck Jesu bei der Stiftung seiner Religion. Gehalten von E. Schneider den 20. December 1789 in Bonn 1790, abgedruckt in der Schrift: Jesus als Sohn Gottes und als Lehrer der Menschheit vorgestellt in zwei Predigten von den Professoren Thaddäus und Schneider in Bonn. B. 1790.

*Predigten für gebildete Menschen und denkende Christen. 8° 158 S. Frankfurt und Leipzig 1790.

*Gedichte. Mit dem Porträt des Verfassers. (Die Vorrede zu denselben ist datirt Bonn den 1. Januar 1790, die Widmung an die Fürstin Luise Erbprinzessin von Neuwied Bonn den 8. Februar 1790. Das voranstehende Subscriptionsverzeichniss eröffnen die Namen des Kurfürsten von Köln, des Herzogs Albrecht von Sachsen-Teschen (5 Ex.), des Fürstbischof von Passau, des Markgrafen und des Erbprinzen von Baden, des Herzogs Ferdinand von Braunschweig-Lüneburg, des Prinz Ludwig von Hessen-Darmstadt, des Abt von Kompten. Beigefügt ist die Rede des Verfassers über den gegenwärtigen Zustand und die Hindernisse der schönen Literatur im katholischen Deutschland.) Frankfurt 1790, Andreäsche Buchhandlung. Noch in demselben Jahr gab der Verleger eine zweite wohlfeilere und vermehrte Ausgabe der Gedichte aus; in derselben findet sich die inzwischen separat erschienene Elegie auf den sterbenden Kaiser Joseph den Zweiten. Eine 5. Auflage erschien 1812. Vgl. Oberdeutsche allg. Literaturztg. 1790, 193, 222.

*Patriotische Rede über Joseph II. in höchster Gegenwart Sr. Kurf. Durchlaucht von Köln vor der literarischen Gesellschaft zu Bonn gehalten den 19. März 1790. Vgl. Tübinger Anzeigen 1791, 175.

*Trauerrede auf Joseph II. gehalten vor dem hohen Reichskammergericht zu Wetzlar. B. 1790.

*Die ersten Grundsätze der schönen Künste überhaupt und der schönen Schreibart insbesondere 12° 271 S. B. 1790, gedruckt bei Abshoven und verlegt von der löblichen Schulcommission. Die an Spiegel gerichtete Vorrede ist datirt Bonn August 1790. Vgl. Tübinger Anzeigen 1791, 782.

*Probe einer neuen Uebersetzung Quintilians bei der feierlichen Einführung des neuerwählten Rectors am 20. November 1790, 12° 16 S. B. 1790.

*Katechetischer Unterricht in den allgemeinsten Grundsätzen des praktischen Christenthums. Die Vorrede des „meinen jungen Freunden und Schülern" gewidmeten Buches ist datirt Juli 1790. 12° 71 S. Bonn und Köln 1790, dann auch B. 1791 erschienen. (Von Gegenschriften gegen den Katechismus lagen mir vor: Gespräch eines Referendarius, Camerarius und Landdechant über den sogenannten katholischen Unterricht etc. 8° 223 S. Düsseldorf 1791. — Beleuchtung des katechetischen Unterrichts des Bonnschen Prof. E. Schneider herausgegeben von einem Wahrheitsfreunde. 8° 98 S. Gedruckt zu Wahrheitsburg 1791. — Ueber den katechetischen Unterricht des E. Schneider. Ein Auszug aus der Augsburger Kritik über gewisse Kritiker, Rezensenten und Brochürenmacher No. 3—6, 8° 30 S. Düsseldorf 1791. — Freimüthige Gespräche zwischen einem Landwirth und Bonnischen Stutzer über den katechetischen Unterricht. 12° 115 S, Düsseldorf 1791.

Vgl. Oberdeutsche allg. Literaturztg. 1790, 1120. 1791, 1135 und 1184. Tübinger Anzeigen 1790, 747.

van der Schüren, Elias.

Apollinar 43. Meusel V 7, 343. Meuser J. 1785 und 88.

v. d. Schüren, Versuch über das Vorhersehungsvermögen. Vertheidigt von den Kandidaten Fick, Decker, Pulte, Kracht, von Mastiaux und Stang 8° 40 S. B. 1785.
Wann lässt sich in wohleingerichteten Staaten die Todesstrafe rechtfertigen? 8° 80 S. B. 1788. Vgl. Tübinger Anzeigen 1789, 205.

Spitz, Andreas.

Meusel IV N. III 346. N. V 2, 362. V 7, 571.

*Progr. de nexu historiae ecclesiasticae cum jurisprudentia et theologia editum, quando A. S. praelectiones suas d. 12 nov. 1783 inchoaret. 4° 8 p. B. 1783.

D. de patriarchatibus ac dignitatibus 4° B. 1784.

D. hist.-eccl.: ad concilia Germaniae aevo intermodio celebrata. 4° B. 1789.

*D. de episcopis chorepiscopis ac regularium exemtionibus, quam praeside A. Spitz tentamini exponit P. J. Plenz, 4° 56 S. B. 1785.

D. hist.-eccl.: num attenta historia ecclesiae universali et speciatim attentis Germanorum factis et decretis Basiliensibus a canonistis Germaniae defendi valeat sententia quae infallibilitatem Romani pontificis ejusque superioritatem supra concilium oecumonicum adstruit. Quam praeside A. Spitz erud. tentamini exponit Kalkar, Cliviaco-Borussus. 4° 76 p. B. 1787.

Stupp, Reiner.

*De fatis bonorum possessionum sub imperatoribus post jureconsultos in pandectis excerptos programma. 4° 38 p. B. 1793.

Trunk, J. J.

*Einladung zu meiner Antrittsrede auf den 10. November 1792. 12° 8 S.

Wegeler, Franz Gerhard — Meusel IV N. VI 995, N. VII 2, 800. V 8, 380. 10, 800. 16, 361. 21, 398. Nekrolog der Deutschen XXIV 1, 360. Vgl. auch Kaublen u. Rougemont.

*Rede über die Vortheile, die dem Staat aus einer Schule der gerichtlichen Arzneiwissenschaft zufliessen. 8. B. 1790.

Gemeinnützige Anleitung, wie man sich bei dem ansteckenden Lazarethfieber zu verhalten habe. B. 1793.

Ueber die Verschiedenheit der Meinungen der Aerzte, eine akademische Rede, in Eperels medicinischer Chronik 1795 Bd. 4. H. 2.

Worner, Johann Ludwig. — Meusel V 8, 457. Meuser, J. 1789.

* Was über die Annahme und Ausschreibung der Revision wider beschwerende Kammergerichtsurtheile zur Beleuchtung des §. 100 S. 31. S. Bonn. Auf dem Titel ist ein Jahr des Drucks nicht angegeben, doch gehört dasselbe nach Meusel und Meuser in d. J. 1789.

Aktenmässige Darstellung der Ursachen, warum die von dem Kaiserlichen und Kammergericht den Kreisausschreibenden Fürsten des niederrheinisch-westfälischen Kreises gegen Lüttich aufgetragene Executionscommission bisher unvollstreckt geblieben. B. 1790.

Wurzer, Ferdinand — Strieder, hessische Gelehrtengesch. 17, 317
Meusel V 8, 642. 10, 846. 16, 207. 21, 726. — Poggendorff 2, 512.

Diss. inaug. de Phrenitide. B. 1788.

*Physikalisch-chemische Beschreibung der Mineralquelle zu Godesberg. B. 1790.

Rede über die vornehmsten Schicksale der Chemie, ihren Einfluss auf die gesammte Naturkunde und über die durch sie dem Staate erwachsende Vortheile. B. 1793.

Eine Reihe von Aufsätzen in Crells chemischen Annalen seit 1792.

Zulehner, Johann Anton — Meusel V 8, 456. Meuser, J. 1784.

*Versuch eines Beitrags zur allgemeinen Naturlehre. B. 1784.

Bonner Dissertationen, bei welchen nicht der Name eines Professors genannt ist.

Versuch über die anziehenden Kräfte der Körper vertheidigt nebst einigen Sätzen aus der Naturlehre von H. A. Kracht aus Bonn. 4. 18 S. B. 1786.

De quinque praecipuis fontibus juris ecclesiatici Coloniensis specialissimi. Quam publicae disquisitioni submittet autor C. Froitzheim ex Margarethenherten, ducatus Juliacensis B. 1788.

D. de eo, quod circa aedificia ecclesiarum praecipue in dioecesi Coloniensi speciliter obtinet. Quam erudit. tent. submittet C. Westhover, ord. S. Augustini intra Coloniam s. canonum lector d. 24 apr. 1788. 4. XVIII p.

Religio Christiana miraculis firmata. Quam sept. 1788 propugnabat R. Assmus. 4. 24 p. Coloniae 1788.

Gedanken über das Recht der Erbfolge nebst einigen Sätzen aus dem Vernunftrecht, zur Erwerbung der Licentiatswürde in der Philos. und den schönen Künsten, vertheidigt von K. Th. Freiherr von Geyr von Schweppenburg aus Aachen. 8. 24 S. B. 1789.

Pahl, de archidiaconatibus in Germania et ecclesia Coloniensi. 4. B. 1790.

Diss. inaug. medica de Catarrho, quam julio 1791 publico eruditorum examini exponet F. C. R. Varnhagen Brilonensis. 8. 28 p.

De praecipuis communionis bonorum effectibus in dynastia Gimborn-Neustadt inter conjuges obtinentia. D. inaug., quam d. 23 sept. 1791 publico crisi submittet G. Hoestermann, Gummersbach-Gimbornensis. 4. 20 p.

Abhandlung über die Gelbsucht. Welche zur Erhaltung der Doctorwürde in der Arzneiwissenschaft vertheidigen wird F. A. Kürten, d. 21. Sept. 1793. Auf dem Titel ist bemerkt: Die Abhandlung selbst kann wegen Mangel an Zeit nicht ganz abgedruckt werden, soll aber in den nächsten Tagen nachfolgen.

D. inaug. de febri nosocomiali. Quam defendet B. J. Velten B. 7. Juni 1794. Nur die gedruckten Thesen liegen vor.